新美业丛书主编 肖晓春

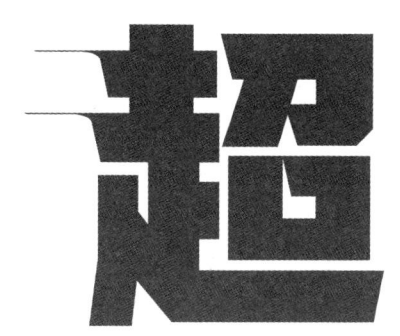

超级卖手

美容化妆品销售特训

superseller

Beauty Cosmetics
Sales Training

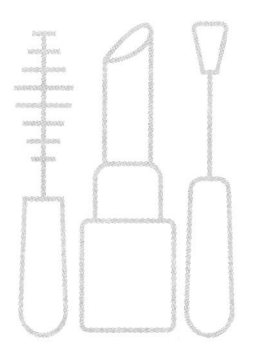

龚震波 ◎ 著

中国经济出版社
CHINA ECONOMIC PUBLISHING HOUSE
北京

图书在版编目（CIP）数据

超级卖手：美容化妆品销售特训／龚震波著．--北京：中国经济出版社，2024.5
ISBN 978-7-5136-7717-2

Ⅰ．①超… Ⅱ．①龚… Ⅲ．①美容用化妆品-销售
Ⅳ．①F767.9

中国国家版本馆 CIP 数据核字（2024）第 069376 号

责任编辑	叶亲忠
责任印制	马小宾
封面设计	久品轩

出版发行	中国经济出版社
印 刷 者	北京艾普海德印刷有限公司
经 销 者	各地新华书店
开　　本	710mm×1000mm　1/16
印　　张	16.75
字　　数	240 千字
版　　次	2024 年 5 月第 1 版
印　　次	2024 年 5 月第 1 次
定　　价	68.00 元

广告经营许可证　京西工商广字第 8179 号

中国经济出版社 网址 http://epc.sinopec.com/epc　社址 北京市东城区安定门外大街 58 号　邮编 100011
本版图书如存在印装质量问题，请与本社销售中心联系调换（联系电话：010-57512564）

版权所有　盗版必究（举报电话：010-57512600）
国家版权局反盗版举报中心（举报电话：12390）　　服务热线：010-57512564

目录

1 迎宾开场实战情景训练

"不卖产品,卖梦想!"这是美容化妆品销售最大的秘密。迎宾是美丽的遇见,接待是梦想的开始。在顾客进入门店的瞬间,明亮整洁的门店环境、陈列丰富的商品、卖手灿烂的微笑与得体的接待,会让顾客产生美好的第一印象。属于卖手和顾客的美丽故事就此开始了。

情景1	一位脸上长痘的顾客走进门店	3
情景2	顾客手拿门店宣传单进店	6
情景3	顾客驻足观看门店橱窗及海报	9
情景4	几位女性顾客一起进店选购	12
情景5	顾客进店后随意闲逛	15
情景6	顾客进店后直接选面膜产品	18
情景7	顾客停下脚步细看彩妆	21

情景 8	不用介绍,我自己会挑	24
情景 9	顾客随便拿起产品就问"多少钱"	27
情景 10	顾客逛了一会儿,什么都不说就要离开	30

2
消费需求挖掘实战情景训练

为什么普通男生能追到女神?七字真言:"胆大心细脸皮厚。"在门店经营中,卖手要实现销售,也必须把这七字真言贯彻到底。顾客是谁?从哪里来?要到哪里去?要买什么?为什么而买?在什么时间买?要买多少?愿意花多少钱?这些掩藏在顾客内心深处的需求,如同宝藏一般,需要卖手抽丝剥茧,深入发掘并加以明确。卖手探索需求的过程,其实就是恋爱抓心的过程。

情景 11	顾客想买什么美容化妆品	35
情景 12	顾客选购化妆品时重点考虑哪些因素	38
情景 13	顾客能承受多少价位的化妆品	41
情景 14	顾客是单件还是整套购买	44
情景 15	最近天气干燥,我想补补水	47
情景 16	最近常熬夜,想买瓶眼霜	50
情景 17	我要去旅游,哪款防晒产品好用	53
情景 18	刚发了奖金,想买套化妆品奖励自己	56
情景 19	谈男朋友了,想让皮肤更好,变得更漂亮	59
情景 20	闺密说这个系列不错,想了解一下	62

目 录

3
销售陈述实战情景训练

  销售陈述不是王婆卖瓜式的自夸,而是将产品特点、优点与利益植入顾客的认知,让对方产生非买不可的欲望。陈述如恋爱一般,卖手需要充分调动顾客的情绪,让顾客看到、听到、闻到、摸到、感受到产品带给自己的价值。出色的销售陈述如同音乐家的灵巧手指,在顾客的心弦上拨动出最动人的旋律。

情景 21 你们店刚开的吧,我以前没见过……………………… 67
情景 22 这是个新品牌吧,我咋没听说过……………………… 70
情景 23 这个祛斑霜效果如何?能保证有效吗………………… 73
情景 24 这个抗皱霜要多久才能见效…………………………… 76
情景 25 这款面膜的成分有哪些?有什么作用………………… 79
情景 26 这个产品用的是什么配方?可靠吗…………………… 82
情景 27 保质期多久?有特别存放要求吗……………………… 85
情景 28 产品价格这么高,包装却不咋地……………………… 88
情景 29 知名品牌?我都没有看到过你们的广告……………… 91
情景 30 这台是啥仪器?有什么护理效果……………………… 94

3

4 销售体验引导实战情景训练

巧克力的甜，品尝了才知道；爱情的醉，爱了才知道；顾客的美，保养了才知道。好产品自己会"说话"。抛开体验讲产品，永远是隔靴搔痒。在用户体验至上的时代，卖手要学会少说话，用体验让顾客开口多说话。顾客每一次满意的购物体验，都是由卖手精心设计出来的。

情景 31	如何引导顾客试用化妆品	99
情景 32	如何用皮肤测试引导产品体验	102
情景 33	这款洗面奶效果一般，用了还是油油的	105
情景 34	这爽肤水不是纯天然的吧，怎么感觉热辣辣的	108
情景 35	这款祛斑霜含重金属成分吗	111
情景 36	这款纤体霜不用节食吗？停用不反弹吧	114
情景 37	紫色眼影太妖艳，好像不适合我	117
情景 38	这类唇彩容易掉色，不持久	120
情景 39	这香水味道怪怪的，说不出的感觉	123
情景 40	这精油忒贵了，一小支就要好几百元	126

5 销售拒绝应对实战情景训练

拒绝意味着顾客把成交的大门关闭了。处理拒绝就是要把这扇关上的大门再次打开。阿里巴巴打开大盗的宝藏需要咒语，卖手打开封闭的大门则需要钥匙。这把钥匙是顾客未被满足的核心需求。它被掩埋在顾客各种借口、抗拒堆砌出的砂砾废石堆下。卖手务必在最短时间清除障碍，找到钥匙，打开大门。一切取决于卖手！

情景 41　我已经有一套类似的化妆品了 ………………………………… 131
情景 42　我还年轻，用不着抗衰产品 ……………………………………… 134
情景 43　这套产品上妆、卸妆太麻烦，浪费时间 ……………………… 137
情景 44　我对国产品牌没兴趣，档次低效果差 ………………………… 140
情景 45　进口品牌，又贵又不适合中国人的皮肤 ……………………… 143
情景 46　我现在用的品牌很好，没有必要换品牌 ……………………… 146
情景 47　你们都是广告打出来的，我不想做大冤种 …………………… 149
情景 48　你们说无效退款，都是忽悠人的 ……………………………… 152
情景 49　我以前用过你们的产品，效果不怎么样 ……………………… 155
情景 50　你们卖货的当然会说效果好，可我不相信 …………………… 158

6
销售异议处理实战情景训练

拒绝是销售路上的坑,异议是拦路的虎。无论卖手如何出色,也无法完全杜绝异议的产生。面对顾客的异议,卖手不必畏蜀如虎,也不必如打虎英雄,非得与对方一决生死。绝大多数的异议仅仅是出自顾客的习惯和本能。每个行为的背后都有其动机。卖手真正需要回应的是提出问题的人,而不是问题本身。

情景51	你们的化妆品太贵了	163
情景52	同款化妆品,你们价格最高	166
情景53	我一次买了这么多,为什么不可以打折	169
情景54	我是老顾客了,有啥特别优惠	172
情景55	我不要赠品,不如直接减现金	175
情景56	谁说优惠后不能送赠品,我两样都要	178
情景57	你们的××,不如××品牌专业	181
情景58	马上就黄金周了,我到时候再买	184
情景59	我今天赶时间,下次再说吧	187
情景60	今天钱不够,下次带够钱再回来买吧	190

7
销售促成实战情景训练

求婚成功与否既取决于彼此真爱,也取决于求婚时机。仪式感很重要!爱情剧中,男主的求婚必杀技是场景高雅、灯光绚丽、音乐浪漫,左手玫瑰、右手钻戒,以及生死契阔的爱之誓言。促成如求婚。卖手的促成必杀技亦如是,场景、灯光、音乐、掌声、礼品、氛围,缺一不可。当然,卖手"陪你与全世界一起美"的爱之告白——执子之手、与子偕美才是点睛之笔。

情景61　产品买回去没什么效果怎么办……………………195
情景62　我的皮肤很敏感,万一用了过敏怎么办……………198
情景63　我送闺密的,还是问问她的意见再决定吧……………201
情景64　这款产品好像我闺密在用,我问问她再买吧…………204
情景65　我再考虑一下,等想好了再回来买吧………………207
情景66　一下子花那么多钱,是不是太冲动……………………210
情景67　等一下,我还想再到其他店看一看……………………213
情景68　顾客在其他店对比后再次进店…………………………216
情景69　顾客买单后如何进行关联销售…………………………219
情景70　引导顾客办理 VIP 会员卡………………………………222

8 售后服务实战情景训练

把产品卖给顾客并不是销售的结束,而是下一次销售的开始。持续向顾客提供高水准的售后服务,不仅是维持彼此良好关系的基石,更是提高顾客忠诚度的不二法门。卓越的售后服务不仅会给门店带来一流的顾客,还能给门店带来源源不断的新客源。

- **情景 71** 如何为顾客开单与收银 …………………………………… 227
- **情景 72** 成交顾客的情绪释放 ……………………………………… 230
- **情景 73** 如何对顾客进行产品使用指导 …………………………… 233
- **情景 74** 请顾客留下个人资料,对方不配合 …………………………… 236
- **情景 75** 如何请求老顾客转介绍新顾客 …………………………… 239
- **情景 76** 顾客离开时该如何相送 …………………………………… 242
- **情景 77** 这款口红我买了感觉不合适,可以换吗 …………………… 245
- **情景 78** 顾客因为各种理由要求退货 ……………………………… 248
- **情景 79** 说得那么好,用了这么久都没效果 ……………………… 251
- **情景 80** 你们卖的什么面膜,我用了一次就过敏了 ………………… 254

迎宾开场实战情景训练

"不卖产品,卖梦想!"这是美容化妆品销售最大的秘密。迎宾是美丽的遇见,接待是梦想的开始。在顾客进入门店的瞬间,明亮整洁的门店环境、陈列丰富的商品、卖手灿烂的微笑与得体的接待,会让顾客产生美好的第一印象。属于卖手和顾客的美丽故事就此开始了。

情景 1
一位脸上长痘的顾客走进门店

常见应对

1. 您好，请问有什么可以帮到您的？
   （过于职业化，难以走进顾客内心）
2. 欢迎光临，请问是想了解祛痘产品吗？
   （皮肤长痘不一定就需要祛痘产品）
3. 小姐，我们的祛痘产品很有效，需要了解一下吗？
   （顾客一进来就被推销，很容易遭到其拒绝）

引导策略

从表面上看，顾客脸上长痘，是一个明确的购买信号，稍加引导就能促成购买。但由于顾客刚刚进店，骤然面对陌生的环境与陌生的人，心理上会不自觉地处于一种紧张与防御的状态。卖手接待这类问题型肌肤的顾客，第一时间要让顾客先放松下来，再进行需求引导。

爱美是女性的天性，脸上长痘的顾客难免有些自卑。这类顾客比较敏感，心理承受能力弱。如果不注重维护对方的面子，一开口直接谈顾客的痘痘，容易伤及对方自尊，让对方感到不舒服。无论进店顾客长痘还是长斑，卖手应看破而不说破，礼貌接待，让对方感受到被尊重。

话术范例

话术范例一

卖手："上午好，小姐姐，欢迎光临××品牌专柜，我是专业的美容顾问（美容顾问的身份能够体现专业，让顾客有信赖感），我叫赵敏，美容、化妆、护肤您有哪方面的需要？竭诚为您服务。"

话术范例二

卖手："颜值拯救世界！欢迎光临××（店名或品牌名）！姐，下午好，您是第一次到我们店吧？我们是一家美容化妆品综合店，国内外洗护、个护、美妆类品牌都有（突出门店的经营特色，让顾客留下第一印象）。问题肌肤'斑敏痘'修复等功效型产品尤其出众（轻轻点一下即可），您自己看还是由我陪您挑选呢（以退为进，避免给顾客太大压力）？"

话术范例三

卖手："欢迎光临。美女是要了解哪方面的护肤品？"（直接询问，不用去猜）

顾客："你看我这一脸的痘痘，有什么祛痘产品能帮我解决？"

卖手："亲，您来对地方了，祛痘类产品是我们店的主打品类（回应顾客问题，同时'种草'）！因为每个人皮肤情况不一样，长痘原因也不同，选择产品要有针对性。我先为亲做个专业皮肤测试，分析一下长痘的具体原因，再推荐合适的产品和解决方案，您看可以吗（引导专业的皮肤检测）？"

方法技巧

美容化妆品门店迎客技巧：

1. 问候式："美女，您好！""亲，下午好。"
2. 欢迎式："欢迎光临！亲，里面请。"

3. 询问式:"您有哪方面的需求呢?""您是需要××还是需要×××?"
4. 推荐式:"需要为您详细介绍一下××吗?因为它可以使您……"

举一反三

向长痘顾客直接推荐祛痘产品,顾客通常会有什么样的反应?如何表达能让顾客容易接受呢?

1. _____
2. _____
3. _____

如果顾客脸上长了很多斑,该如何巧妙接待呢?

1. _____
2. _____
3. _____

情景 2
顾客手拿门店宣传单进店

常见应对

1. 欢迎光临，随便看、随便选。
   （程序性迎宾，无视顾客手中的宣传单）
2. 下午好，您是想买宣传单上的这款××吗？
   （顾客可能只想先了解一下）
3. 请问，您从哪里获得这张宣传单？
   （顾客会有被审问的感觉）

引导策略

美容护肤品的购买是一种非常明显的引导型消费。顾客拿着门店宣传单进店，代表其对宣传单上某些内容产生了兴趣，可能是某款新品，也可能是某项优惠活动，顾客想进一步了解。由于此时顾客的需求还未完全明确，这种兴趣很容易受外在因素影响而产生变化。

接待这类虽然陌生但或多或少产生兴趣的顾客，卖手第一时间要对顾客按图索骥的行为充分肯定，了解对方对宣传单上什么内容感兴趣，并迅速将顾客兴趣点与其需求进行关联，扩大对方兴趣；再导入产品介绍或产品体验，从迎客阶段自然而然地进入引客阶段。

话术范例

话术范例一

卖手:"欢迎光临,小姐姐!凭门店宣传单,进店即送免费皮肤专业检测,购买产品额外享受9.5折优惠(确认宣传单价值)。您可以自由选购,如果需要专业推荐,随时叫我,我叫双儿(把自己推荐给顾客)。"

话术范例二

卖手:"美女,您真有眼光!宣传单上推荐的××口红是本月新款,以'新疆红花'纯天然植物提取物为主要成分(介绍产品成分),长期涂抹嘴唇也不会干涩、失色和蜕皮,安全可靠,是一支可以吃的口红(再介绍产品优点)。这款口红上色艳丽耀眼,能让嘴唇性感度提升好几个档次(凸显产品价值),目前市面上还没有同款,我们店抢鲜上市,美女您喜欢的话,可以免费试一下效果(迅速导入产品体验)。"

话术范例三

卖手:"是的,这款希白多效祛斑霜有优惠(开诚布公,强化顾客的兴趣),使用效果也很出色。它的主要成分是被誉为黑色素天敌的'熊果苷'和深海鲨鱼肝脏提取的'角鲨烷',美白祛斑双效合一,国家特证产品,安全祛斑有保障。原价一套两瓶398元就是平民价,活动还有买一送一优惠,两套连续使用,可以持续促进祛斑效果显现。这款祛斑霜价格有福利,效果有保障,值得选择(强调产品高性价比,让顾客心动)。"

方法技巧

让顾客有安全感的技巧:

1. 门店明亮、整洁,商品陈列丰富、有序。
2. 接待人员未开口,先微笑。
3. 接待热情、简短,少说废话。

4. 让顾客自由选购，不被打扰。
5. 为顾客的眼光点赞。

举一反三

为什么顾客进店后要给予其足够的安全感？这能起到什么作用？

1. _____
2. _____
3. _____

如何改善门店的布置？让顾客产生更多的安全感？

1. _____
2. _____
3. _____

情景 3
顾客驻足观看门店橱窗及海报

常见应对

1. 全场 8.8 折，随便看、随便选。
   （程序性应对，并未关注到顾客的兴趣点）
2. 这是新上市的防晒霜，防晒系数 47，PA 达到 3 个+。
   （说法太专业，顾客很可能听不懂）
3. 美女，天气热，不如先进店喝杯水，休息一下再看。
   （没有关注顾客需求的邀约进店，可能会适得其反）

引导策略

对门店橱窗精心布置、店头张贴产品海报、播放品牌宣传片及放置促销 POP 等，是门店最基础也是最行之有效的推广手段。其目的在于通过店头各种有效信息的传递，吸引来往行人的注意，促使其产生兴趣，从而创造顾客进店的机会。

对在门店外驻足观看橱窗或浏览海报的顾客，需要遵循 "515" 法则进行应对，即卖手随时保持对店外过往行人动向的观察，在顾客驻足 5 秒内上前招呼，将顾客可能感兴趣的相关产品宣传单呈递给对方，巧妙介绍，在 15 秒内激发顾客进一步了解的兴趣，顺势邀请顾客进店。

话术范例

话术范例一

🧑 **卖手**："亲，您是在看××防晒霜吧？这是国际品牌，品质有保障，价格适宜（用品牌提高顾客的兴趣）。夏天快到了，防晒要提前做起来，保证您娇嫩的皮肤不被夏日紫外线、灰尘、污染伤害（从顾客角度切入防晒重要性，引发顾客共鸣）。您进店，我拿产品详细为您介绍吧，这边请（做出邀请手势，引领顾客进店）！"

话术范例二

🧑 **卖手**："美女，上午好。您是对海报上这款玻尿酸修护冻膜感兴趣吧？这是本月新款，这里有说明书，您可以详细了解一下（将说明书呈递给顾客）。这款冻膜的特点是富含高活性因子，50倍的透明质酸钠，夏季皮肤补水效果特别出众（强调产品卖点）。新产品可以免费体验，邀请您亲自体验这款冻膜出色的补水效果，这边请（制造诱因，邀请顾客进店）。"

话术范例三

🧑 **卖手**："美女，您是在看门店会员海报吧，需要了解一下我们的会员福利吗？"

🧑 **顾客**："不用了，我只是随便看看。"

🧑 **卖手**："好的，那我简单介绍一二，我们是一家新型的美容化妆品门店，只为会员提供产品和售后服务。会员免费办理，扫码注册就能享受入会福利，领取520元新人礼包，免费专业皮肤测试；首次购物满100元立减30元，消费最低可享8.8折优惠，会员日第二件半价；还有会员积分和会员特惠产品，福利多多……扫码注册，随时能享受到我们对会员的贴心服务，您请扫这里。"（迅速邀请顾客扫码注册会员，锁定顾客）

方法技巧

邀请店外驻足顾客进店的方法：

1. 派单法：准备门店宣传单或产品资料，派单邀请顾客进店。
2. 新品法：以门店新款和热销产品为话题，邀请顾客进店。
3. 促销法：以门店当期促销活动为诱因，吸引顾客进店。
4. 体验法：以免费皮肤检测、产品体验为诱因，吸引顾客进店。

举一反三

除橱窗陈列和海报之外，门店还有其他的推广方式吗？效果如何？

1. _____
2. _____
3. _____

哪些店头推广方式更能让顾客产生兴趣？请举例说明。

1. _____
2. _____
3. _____

情景4 几位女性顾客一起进店选购

常见应对

1. 欢迎光临，请问有什么需要？
   （平淡，顾客感受不到热情）
2. 下午好，几位美女都想选点啥产品？
   （主观判断，并不是全部顾客都想购买）
3. 欢迎光临，几位是一起选还是分开介绍？
   （刻意隔离顾客，会引起顾客不快）

引导策略

女性逛街和购物通常是群体行为，喜欢三五成群、结伴而行。美容化妆品门店接待几位姐妹一起逛店实在是太正常了。卖手接待得体，触发某位顾客的购买意图，很容易引发其他姐妹一起"团购"。反之，如某位顾客兴趣缺乏或强烈反对，也极易造成其他姐妹一块儿"退群"，大家忙活了半天，最终竹篮打水，一无所获。

接待结伴逛店的姐妹群，需要卖手在热情接待的同时敏锐观察，在最短时间辨识出各人在群体中的角色：谁是决策者，谁是跟进者，谁是反对者。如此方能面面俱到，重视召集者，拉拢追随者，关注反对者。如果反对者持续制造冲突，则巧妙进行区隔或分开接待，让整个接待始终处于正向和可掌控的范畴。

话术范例

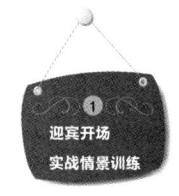

话术范例一

卖手："几位小姐姐，下午好，欢迎光临（热情招呼，一视同仁地对待）！我们店各类美妆、美容、护肤、塑形、洗护产品都非常齐全，性价比高，各位可以自由逛，开心选，希望我们的产品和服务能让美女们都满意！"

话术范例二

卖手："哇，闺密进店，美丽无限（赞美式迎客）！几位美女是第一次来我们店吧？我们是十年老店，值得信赖（强调门店历史，让顾客有安全感）。闺密进店有福利，二人同行，第二件半价；三人同行，买二送一（直接用团购福利激发顾客兴趣）。几位美女一看就是中国好闺密，衣服同款、包包同款、鞋子也同款（观察群体顾客共性），颜值呵护一样也可以同款哦（为群体购买"种草"）。"

话术范例三

卖手："欢迎光临。颜值拯救世界，××拯救颜值。几位小姐姐，我们店国内外品牌俱全，各类美妆、清洁、洗护、补水、美白、抗衰和'斑敏痘'功效产品都很齐全；还提供皮肤检测、面部清洁、补水、美白、淡斑各项轻美容服务。产品加服务，一起变女神！小姐姐们想了解产品、皮肤状况，还是了解美容项目，可以随意选择，我安排专人接待。"（有效进行顾客分组）

方法技巧

不同角色顾客的接待技巧：

1. 领袖顾客：重点接待，正面赞美（身份、气质、穿着、眼光、皮肤、发型、饰物等），促使其发挥决策价值。

2. 跟随顾客：一视同仁、礼貌招呼，引导领袖顾客直接影响对方。

3. 反对顾客：求同存异，对其正面的表达予以认同，反对意见不与其争辩，必要时分开接待。

举一反三

如何在短时间内辨明一群顾客中各自的角色？你有什么好方法和小技巧？

1. _____
2. _____
3. _____

某顾客在接待过程中始终持怀疑态度或表达反对意见，你该如何处理？

1. _____
2. _____
3. _____

情景5
顾客进店后随意闲逛

常见应对

1. 欢迎光临，请随便看！
   （无效应对，顾客闲逛完就会离开）
2. 小姐姐，需要什么护肤品，我为您推荐吧。
   （过于主动，会给顾客带来压迫感）
3. 您随便看，有需要再叫我。
   （没有介绍自己，顾客需要时找谁呢？）

引导策略

闲逛，是女性的天然喜好。很多时候她们走进门店并没有特定的购买目的，纯粹是兴趣使然。她们享受闲逛的乐趣，享受在闲逛过程中被重视、被服务的感觉。她们在闲逛过程中没有被干扰、被推销，逛得轻松自在，即使啥也没买，一样会产生愉悦的购物体验，对门店留下好印象。

女性对于美容化妆品的购买又是感性和冲动的。在闲逛过程中，她们会被某个"对眼"产品吸引，也会被免费体验、促销优惠等宣传所吸引。不打扰她们，满足其第一需求，但时刻留意，在她们被吸引时适时出现，回应询问，积极引导。卖手的工作价值就是在服务中创造顾客的需求。

话术范例

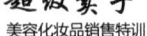

话术范例一

卖手："美女,下午好!您是第一次来我们××店吧?您请随意逛逛,有需要叫我。我叫黄蓉,工号是 08 号(主动介绍自己,让顾客记住),找我叫一声'阿蓉'或招手就可以。"(对闲逛顾客要给予自由浏览的空间)

话术范例二

卖手："小姐姐,欢迎光临!是第一次来我们店吧?您想先一个人逛逛还是需要我陪您边看边介绍呢?"(主动表明服务的意图)

顾客："我先随便看看……"

卖手："好的,没问题,家居类在左侧、功效性产品在右侧,您慢慢选,不打扰您了。"(做出区域指引,方便顾客寻找)

话术范例三

卖手："亲,打扰一下,您已经逛了一阵子了(顾客逛了门店 2/3 空间,无论是否主动示意,都必须进行第二次接待),需要我帮您参谋一二吗?我叫周芷若,专业美容顾问,从事美妆护肤工作 8 年了(专业年限让人产生信任感),我会根据顾客皮肤情况和季节变化提供选择建议。最近这几天降温厉害,天气寒冷,皮肤滋养和防裂很重要。您面部有干裂和轻微脱皮迹象,需要加强补水和营养滋润,我可以为您介绍几个冬季保养的小贴士。如果您想快速修复皮肤受损、恢复弹性,我也可以为您推荐几款修复和滋润俱佳的精华产品(分享而非推销,方能留住顾客)!"

方法技巧

闲逛型顾客接待技巧:

1. 通过问候、观察、询问判断顾客进店意图。

2. 让闲逛的顾客在店内自由走动、随意浏览。

3. 注意观察顾客动向，在对方需要时立即上前服务。

4. 顾客逛了一大半，即使没有招呼示意，也要主动上前第二次接待。

举一反三

什么情况会激发闲逛型顾客的购买兴趣？你能熟练运用相关技巧吗？

1. _____
2. _____
3. _____

为什么顾客逛了一大半后，即使没有示意也要主动上前对话？什么样的方法会更有效？

1. _____
2. _____
3. _____

情景6
顾客进店后直接选面膜产品

➡️ 常见应对

1. 欢迎光临，请问需要什么帮助？
   （接待程序化，无视顾客的意图）
2. 小姐，想买什么面膜？
   （注意到了顾客的需求，但销售意图过强）
3. 这款燕窝面膜最近热销，需要拿两盒吗？
   （如果顾客有明确购买目标，就会拒绝）

🧭 引导策略

顾客进入门店后，直奔面膜产品而去，表示对方有较明确的购买目标。这种情况多见于顾客购买熟悉的产品或二次购买。这类顾客一般自主性较强，在购买过程中不希望被打扰，会即买即走，卖手过于热情或过度干扰，都可能让顾客反感或拒绝。

不被打扰，安静选购，是这类顾客的首要需求。卖手只需要注意观察，在顾客完成选购后，快速提供后续服务，保持核价、开单、收银、包装一系列动作的高效和流畅。为顾客眼光点赞，感谢顾客关照，送上暖心的祝福，就可以高效地完成一次令顾客愉快的购物。

话术范例

话术范例一

卖手："亲,是要选面膜吧?我们店面膜种类非常多,主打款有燕窝面膜、石墨烯面膜和蜂巢面膜,分别针对不同的护肤需求。美白、保湿、活肤、抗敏,您优先考虑哪一方面呢?"(直接询问顾客的需求)

话术范例二

卖手："美女,您真是太有眼光了(为顾客眼光点赞,为顾客创造情绪价值)!这款燕窝面膜是××的经典面膜,富含70%的燕窝活性成分,补充水分、保持皮肤有弹性和有光泽的效果显而易见。明星代言面膜,老顾客用了都说好,在我们店长期热销霸榜。秋季补水选它,没错的(肯定产品,完成销售)!"

话术范例三

卖手："小姐姐,您手上这款面膜保湿效果超赞,快速补水,帮助皮肤保持弹性、光泽。××品牌知名度高、口碑好、价格实惠,是'00后'小姐姐保湿、补水的首选。还有一个特别的好消息,品牌正好有回馈活动,买二送一。面膜是补水神器,早晚使用,绝不浪费,机会难得,您不妨多带几盒回家。"(对于购买意图明确的顾客,可以扩大其购买量)

方法技巧

目的明确顾客的接待技巧:

1. 不干扰顾客,让其自行挑选。
2. 顾客选定产品后,肯定其眼光。
3. 开单、收款、包装等服务流畅。
4. 用活动或满减方案,扩大顾客购买量。

举一反三

顾客直接询问某产品的功效与本情景有何异同之处？你该如何处理？

1. _____
2. _____
3. _____

顾客看完所有面膜产品后都不满意，你该如何处理？运用的话术是什么？

1. _____
2. _____
3. _____

情景 7
顾客停下脚步细看彩妆

常见应对

1. 姐，需要帮忙吗？
   （过于含蓄，顾客需要更准确的资讯）
2. 这款口红很不错，值得拥有。
   （没有针对顾客需求，轻描淡写）
3. 这款进口粉底，非常高档，是精致女神的社交首选。
   （高端的产品未必适合所有顾客群体）

引导策略

顾客在店里走动了一会儿，突然在彩妆或某个产品区域前停下细看，代表这个区域的某个产品触发了顾客的兴趣。顾客这个时候通常会眼睛发亮，会将产品拿在手上反复端详，甚至会四处张望，寻找卖手。如果是品牌专柜，她们会主动要求卖手将产品取出来细看。

顾客此时的心情就如同一个看到新玩具的孩子那样，想要，又有点紧张。她们寻找卖手是要深入了解产品信息。如果眼光被认同，她们的兴奋程度会增加，购买兴趣也会增加。赞美顾客眼光，再介绍产品卖点，让顾客需求和产品完美结合，才是促进这类顾客购买的正确方式。

话术范例

话术范例一

👤 **卖手**："美女，确认一下眼神，您看中的是不是这款×××经典粉底（先明确顾客的选择）？为您的眼光点赞（再肯定顾客的眼光）。这款粉底绝对能成为您的颜值闺密。它粉质细腻，将脸上痘斑完美遮盖，不会堵塞毛孔，透薄感强，让整个脸部皮肤细致自然……这款粉底有试用妆，亲，咱们先在手上试一下完美的遮瑕效果吧（快速导入产品试用）。"

话术范例二

👤 **卖手**："小姐姐，您眼光超一流。这款口红是门店霸榜口红，也是小红书夏季口红榜单TOP 5，火得不要不要的，专为'00后'青春无敌的小姐姐设计，上妆效果100分，小哥哥回头率也是100分（说明产品的利益点）。这个罗兰紫和橙红色都挺适合您，完美释放您的青春、活力，您是二选一还是两个一起打包呢（将决策权留给顾客）？"

话术范例三

👤 **卖手**："口红是颜值的灵魂。选对色系，碾压闺密！亲，您对色系和使用效果有特别要求吗？"（始终以顾客需求为第一需求）

👤 **顾客**："如果想惊艳一点，你有什么建议？"

👤 **卖手**："明白，选口红色系，先要从脸型、唇型和肤色来考虑，再根据服装、场合来实现完美搭配（说明口红使用原则）。亲的脸型古典，皮肤白皙，唇形精致，牙齿又白又整齐（对顾客巧妙地赞美），这款玫瑰红就很适合，特有的珠光效果，使用后晶亮持久，不容易褪色（说明产品特色及使用效果），如玫瑰花在唇边绽放，无论是商务洽谈还是高端宴会，商务装或礼服都能压得住，效果绝对惊艳。"（根据顾客需求做出精准推荐）

方法技巧

巧妙赞美顾客的技巧：

1. 确认一下眼神。
2. 您真是太有眼光了。
3. ××是颜值的灵魂。
4. 您的品位一流，女神级的。
5. 哇，它是为您量身定制的。

举一反三

当顾客选好产品后，对其眼光进行赞美，能起到什么样的作用？

1. _____
2. _____
3. _____

赞美法适用于所有类型的顾客吗？为什么？

1. _____
2. _____
3. _____

情景 8
不用介绍，我自己会挑

常见应对

1. 一副委屈的样子，退到一边。
   （无法让顾客感受到高明且得体的服务）
2. 好的，那您慢慢挑吧。
   （暂时满足了顾客，后续再跟进就无能为力了）
3. 我们店品类很多，我怕您挑花眼，我帮您挑选才更专业！
   （抬高自己，贬低顾客，顾客舒服才怪）

引导策略

　　一样米养百样人。不同的顾客有不同的购买需求。同样的接待方式，有顾客觉得很热情，有顾客觉得被干扰。"我要自己挑"的顾客往往比较理性，主观意志比较强，不愿意盲目受他人影响，做出判断。卖手过度干扰，顾客会不耐烦，感到被冒犯，整个购物过程有可能会被打断。

　　遇到顾客提出这类要求，卖手要迅速退离，满足其"我自己挑"的要求。但是，身为卖手，也必须清晰地认识到，这类顾客在挑选功能性产品以及新产品时，依然会有对专业知识、产品、成分、功效各方面细节进一步了解的需求。服务这类顾客的准则是"陪伴而不干扰"，静静等待，在顾客需要时第一时间出现。

话术范例

话术范例一

卖手："好的，姐，没问题，既然您希望一个人挑，我就不打扰了（尊重顾客的要求），如果需要帮助，您举个手，我第一时间过来，您慢慢挑……"（退后一步，微笑，转身离开）

话术范例二

卖手："好的，收到，亲尽管放心一个人安静挑选，我会提醒其他同事也不要随意打扰（表现了服务的温度），您挑选完产品或需要帮忙再叫我，我叫钟灵，工号是06号，您叫工号或喊一声'小灵'就可以了，随时等候您的召唤！"

话术范例三

卖手："没问题，姐要做一个安安静静的美女，那我先不打扰了！如果姐要选功效类护肤品或有针对问题肌肤修复的专业问题想咨询，可以随时叫我。我们店除了产品销售，还提供问题肌肤修复的个性化解决方案（凸显服务价值）。姐如果需要一位私人皮肤护理顾问为您全方位提供颜值呵护建议和产品选择建议，请随时叫我（凸显个人身份和服务价值）。您的满意，我的动力。这里留给您，您的美丽空间，您做主！"

方法技巧

顾客不希望被打扰的处理技巧：

1. 回应："明白，亲要做一个安静的美女。"
2. 明确："没问题，您一个人慢慢挑。"
3. 表达："有需要叫我，我叫××，工号×××。"
4. 告退："这里留给您，您的美丽空间，您做主！"
5. 支持："我会提醒其他小伙伴也不要轻易打扰您。"

举一反三

什么样的顾客会提出"我自己挑"的要求?这在门店经营中常见吗?

1. _____
2. _____
3. _____

顾客拒绝介绍是否就代表完全放弃跟进与服务?该如何做能够让顾客不反感你?

1. _____
2. _____
3. _____

情景 9
顾客随便拿起产品就问"多少钱"

常见应对

1. 我们明码标价,亲可以自己看。
   (让顾客自己看,其实是变相地拒客)
2. 这款眼影是限量版的,价格有点小贵,1000元出头。
   (卖手都说贵了,那就真的贵了)
3. 这瓶眼霜老便宜了,才98元,100元有找。
   (嫌贵的依然嫌贵,不嫌贵的会担心效果)

引导策略

我们常常有一种误会,顾客问价就是有购买意愿。其实不尽然,顾客刚进店就问价,十有八九对产品的兴趣只有一点点,顾客随意一问,问完了,兴趣可能就过了。只有极少顾客对产品的兴趣大那么一点点,问价是为了搭个话,了解更多产品信息,作为决策和判断依据。

顾客问价就直接回应价格,无论回应什么价格,卖手都会得到一致的反应——"怎么那么贵"。真相只有一个,在顾客未能确定产品能否满足其需求前,任何价位都是贵的,任何价格的回应都是无意义的。要解决这个困境,卖手要么学会主动询价,要么学会先扩大顾客的需求,把"一点点"变成"亿点点"后再报价。

话术范例

话术范例一

卖手： "美女，我们店美白祛斑产品有很多选择，价格也有高低，从100多元到1000元出头都有，您觉得什么样的价位比较适合呢？"（主动询价，注意观察顾客的反应）

话术范例二

卖手： "亲，您选定这款眼霜了吗？"（直接确认顾客的需求）

顾客： "嗯，还不确定，我想先了解一下价格和功效。"

卖手： "是的，眼睛是心灵之窗，眼部产品必须谨慎选用，安全和效果为先，价格次之。我介绍一下这款眼霜的特点，您再体验一下，如果使用感受和效果满意，价格就好接受；如果感受不满意，我帮您选一款合适的。"（将价格问题转化为对效果的确认）

话术范例三

卖手： "美女，您选中这款眼部彩妆组合了吗？"（把顾客问价转化为对产品的接受程度）

顾客： "我觉得这款组合还不错，到底多少钱一套呢？"

卖手： "美女，您真是好眼光，这款眼部彩妆组合是年度全球限量版！出自名门，卓尔不凡（不谈价格谈价值）。您看外观，世界级璀璨设计会让您爱不释手（将产品迅速递给顾客）。打开盒子，两款色彩眼影膏和两款色彩眼线膏，囊括了最流行持久防晕染眼部明星产品，适合各种场合，每款膏体精心设计的密封盖子保证了产品的色泽度和持久性。这是一款颜值和品质俱佳的眼妆组合，媲美数千元的国际顶级大牌，价格不过1280元一套（层层铺垫，提升顾客兴趣后方可报价）。天生为您这样气质高贵、魅力非凡的高端女性量身定制，绝对物超所值。今天抢鲜，颜值女神，非您莫属！"

方法技巧

顾客随意问价的应对技巧：

1. 顾客问价，先确认顾客对产品的兴趣程度。
2. 巧妙转化，将问价转化为对产品的接受程度。
3. 主动询价，根据顾客的回应，推荐合适的产品。
4. 推荐产品，数量不超过 3 款，价格从低到高。

举一反三

主动询价和被动应价有何差别？能否举出实际案例进行说明？

1. _____
2. _____
3. _____

为什么要向顾客推荐高中低三种价位的产品，并且价格要从低到高向顾客介绍？

1. _____
2. _____
3. _____

情景10
顾客逛了一会儿，什么都不说就要离开

常见应对

1. 请慢走，欢迎下次再来。
   （程序化应对，顾客没印象，不会再回来）
2. 小姐姐，先别急着走，再挑一挑嘛！
   （乱枪打鸟，毫无目标）
3. 再看看新款吧，很不错。
   （亡羊补牢，为时已晚）

引导策略

　　顾客逛了一会儿，什么都不说就要离开，要么表明顾客在闲逛过程中并未被触发对产品或服务的"兴趣点"；要么表明卖手接洽不及时，服务不到位，顾客感到被无视、被怠慢而离开。在流量稀缺时代，每位进店的顾客都是一座潜藏的"金矿"，顾客进店时，卖手要第一时间接待。在顾客离店前，卖手也要适机进行第二次接待，积极留客。

　　不要等顾客一脚跨到门外再强行挽留，第二次接待的最佳时机是顾客逛了门店2/3空间时。第二次接待需要情感及利益双管齐下，重新激发顾客兴趣点。如果在旺场期间，无法做到每位顾客都有专人接待，卖手要做到招一、呼二、望三，不能让顾客感到被怠慢。营业空当时间，则安排人员在店门内侧站位，在顾客离店前，有机会拦截和挽留。

话术范例

话术范例一

卖手："小姐姐,稍等一下,可以请教一个问题吗?"(巧妙留下顾客)

顾客："什么问题?"

卖手："您刚进来就走,是没选中产品还是我们招呼不周?请您告诉我原因,让我们有机会改善和进步,谢谢您!"(找到原因才能对症下药)

话术范例二

卖手："亲,今天是我们5周年店庆最后一天。过了今天,所有礼品、优惠统统清零,错过等一年(最后机会法)。您是在品牌、品类、功效、价格上有特别要求吗?告诉我,我帮您参谋。您喜欢哪个优惠方案,礼品还是折扣?告诉我,我帮您申请。今天购买,礼品加倍,颜值加分(放大利益)。您两手空空来,是我们的缘,您走了,挥挥手不带走一片云彩,是我的错。亲,给我一个机会,让您满载而归,不要再别康桥(用真实的情感挽留顾客)!"

话术范例三

卖手："小姐姐,选不到合适的产品吗?"

顾客："是啊,看了半天,眼都花了,也选不出要什么。"

卖手："是的,我们家品牌和款式有点多,容易看花眼(先认同顾客)。不过'众里寻他千百度,蓦然回首,那人却在灯火阑珊处'。您离开前停一下脚步,再回头看一看,会有新感觉的。今天是周日,哪里逛都是逛,多逛5分钟(不给顾客太多压力),转角遇到爱,说不定惊喜无限哦。左边是新品区,右边是会员专区,小姐姐,我陪您到会员专区看一看吧。"

方法技巧

离店顾客的挽留技巧：

1. 心理上：每位顾客都是宝藏，绝不能轻易放弃。
2. 行动上：在合适的时间和合适的位置，对离店顾客进行拦截。
3. 策略上：利用请教法、最后机会法、利益法的组合留客。
4. 情感上：微笑、眼神专注，以百分之百的热情留客。

举一反三

进店晃两眼就走的顾客，通常是什么原因引起的？该如何处理？

1. _____
2. _____
3. _____

旺场时不能保证每位顾客进店都有专人接待，如何打好提前量，安排此种场景的应对措施？

1. _____
2. _____
3. _____

2

消费需求挖掘实战情景训练

　　为什么普通男生能追到女神？七字真言："胆大心细脸皮厚。"在门店经营中，卖手要实现销售，也必须把这七字真言贯彻到底。顾客是谁？从哪里来？要到哪里去？要买什么？为什么而买？在什么时间买？要买多少？愿意花多少钱？这些掩藏在顾客内心深处的需求，如同宝藏一般，需要卖手抽丝剥茧，深入发掘并加以明确。卖手探索需求的过程，其实就是恋爱抓心的过程。

情景11
顾客想买什么美容化妆品

常见应对

1. 亲,想选哪方面的美容护肤品?
   (无效问题,范围太大,顾客难以回答)
2. 小姐姐,这是新款口红,要不要试一下?
   (盲目判断顾客的需求,属于乱枪打鸟)
3. 您皮肤很干,需要强效补水哦。
   (过于主观的表达,会让顾客不快)

引导策略

俗话说"货卖堆山"。传统美容化妆品门店最大的特点是品类丰富,品种繁多,男女老少,从面部到躯干,从头发到指甲,无所不有,无所不包。单是一支口红,就有数十种颜色、上百种款式。为了抵御电商和直播带货的冲击,许多门店甚至增加区域,提供皮肤检测、快捷美容等服务,门店从产品销售向综合美容服务延伸,卖手单一导购角色也逐步向美容师多角色转换。

顾客进店后,卖手第一时间了解对方购买的品类,可以有的放矢,节省待客时间。了解顾客购买的意图,不仅要明确具体产品,还要深入了解顾客使用目的、使用场合、期待效果。这是一个循序渐进的过程,与顾客逐一确认,避免盲人摸象,产生误会。卖手尤其要杜绝的是,啥也不问,靠经验为顾客"算命",盲目向顾客推荐产品。

话术范例

话术范例一

卖手："上午好,小姐姐,想了解美妆产品还是护肤产品呢?"

顾客："最近天气干燥,皮肤有点干,我想补补水。"

卖手："单论补水,保湿霜、精华水和面膜的效果都不错。"(顾客购买品类不明确)

顾客："这么多产品,该选哪一种呢?"

卖手："您目前皮肤比较干,失水明显,轻微起皮,不及时防护,接下来天气寒冷,皮肤受损会加重。根据您的皮肤情况,我优先推荐保湿霜,强力补水,快速修复起皮,还能收缩细小皱纹,使用也方便。"

话术范例二

顾客："下周姐妹结婚,我是伴娘,帮我选款修复和提亮效果最好的护肤产品,再配个面膜。"(顾客购买意图明确)

卖手："没问题,我确定您会是最漂亮的伴娘。护肤品您是考虑单品还是套盒呢?"

顾客："还是单品吧。"

卖手："快速修复和抗衰,我推荐××玻尿酸原液。玻尿酸是抗衰和修复首选,这款原液活性因子高达50%,一次使用效果肉眼可见,一周能让您皮肤光泽水亮,不是新娘,胜似新娘!而且它是次抛瓶装的,携带和使用都非常方便。"(激发顾客核心需求)

顾客："你说得那么好,那就是它吧。"

卖手："好,原液就这么定了。挑选面膜,补水、修复、美白、抗衰,您优选哪个功效呢?"

顾客："有补水、美白双重功效的吗?"

卖手："这个必须有,燕窝面膜就有补水、美白双重功效,和玻尿

酸原液同品牌经典款,我自己也在用哦(卖手为产品代言)。玻尿酸原液和面膜双效叠加,皮肤想不好都难!"

顾客:"好吧,就这两款了。"

卖手:"行,我这就给您开单。特别提醒,护理是一件越坚持越美丽的事,您当完伴娘后要继续使用,有任何需要,随时回来找我。"(温馨提示,为顾客回头"种草")

方法技巧

顾客进门"三相"的技巧:

1. 第一相:观察进店顾客的年龄、穿着、妆容、饰物和气质。
2. 第二相:观察进店顾客的肢体语言、表情、动作幅度、视线角度。
3. 第三相:观察顾客的言谈举止,尤其是语速语气、表达方式、表达内容等。

举一反三

美容化妆品通常分为几个大类?每个大类又有哪些细分的类别?

1. _____
2. _____
3. _____

你能否通过观察对顾客的购买意图进行预判?准确率能达到多少?

1. _____
2. _____
3. _____

情景12 顾客选购化妆品时重点考虑哪些因素

常见应对

1. 这是所有同类产品中价格最低的。
   (顾客可能更看重品质和效果)
2. 买护肤品，不怕贵，就怕没效果。
   (不全对，大多数顾客希望又好又便宜)
3. 这是全球知名品牌，是女神家居护理的首选品牌。
   (这未必是顾客最关注的决策因素)

引导策略

虽然女性购买护肤品大概率是冲动型消费，但冲动的表面下掩藏着深层次的理性决策因素。首先，品牌、效果、价格通常是最重要的购买决策因素。其次，配方、成分、安全性，以及时尚、潮流、口碑、他人使用经验、情绪价值等情感因素也会对顾客决策产生相当程度的影响。

不同的顾客有不同的决策路径和价值排序。卖手必须深入了解对方的购买决策因素，理顺对方的决策顺序后，再开展针对性介绍。顾客注重品牌，卖手就强调品牌知名度和影响力；顾客注重价格，卖手就强调超高性价比；顾客追求个性，卖手则强调产品个性化和量身定制。

话术范例

话术范例一

卖手："亲，选护肤产品，品牌、价格、效果，这几样您最注重什么？"

顾客："当然是使用效果了，要是效果不好，不就花冤枉钱了吗？"

卖手："完全正确，为您点 100 个赞。颜值拯救世界，选护肤品当然要看效果，能够让颜值爆表，帅哥回头，价格高一点也不是问题。"（对顾客关键决策要素进行确认）

话术范例二

顾客："品牌，我选化妆品只选国际品牌，一般不选国产化妆品！"

卖手："哇，太赞了！美容护肤是面子工程，品牌就是面子。哪位小姐姐不想把顶级国际品牌用起来？您是妥妥的女神范（正面赞美顾客）！您最爱用的国际品牌是哪几个？使用效果怎么样呢（进一步了解顾客的使用和感受）？"

顾客："我常用的是兰蔻、雅诗兰黛，效果也就那样了，用了好多年了。"

卖手："是的，国际品牌价格昂贵，相对而言更适用于欧美人群。问题肌肤要根据肤质、生活习惯量身定制解决方案，才能高效实现修复、逆龄！"（自然转化，为推荐功效产品做铺垫）

话术范例三

顾客："我觉得实惠就好，性价比最重要！"

卖手："姐，您说得对，只选对的，不选贵的。国产品牌更适合中国女性的生活习惯和肤质。只要选对产品，坚持好的保养习惯，国产品牌保养护理效果一样媲美国际品牌。现在的国潮新品牌，很多在品质和价格上已经吊打国际大牌了，这几个国潮品牌在小红书上都是大火、常年霸榜的，我详细为您介绍一下吧！"

方法技巧

探寻顾客选购化妆品决策因素的技巧：
1. 主动询问，提供可选择答案，确定顾客购买的首要决策因素。
2. 认同顾客选择，在情感上予以恰如其分的赞美。
3. 解析赞同理由，在逻辑上严谨、圆满。
4. 自然而然地过渡到产品推荐上。

举一反三

了解顾客购买决策因素时选择何种询问方式比较好，是开放式还是封闭式？

1. _____
2. _____
3. _____

顾客购买化妆品的决策因素中，是理性因素重要还是感性因素重要？为什么？

1. _____
2. _____
3. _____

情景13
顾客能承受多少价位的化妆品

常见应对

1. 润肤水，亲，选择什么价位的？
   （没有提供选择范围，顾客不好回答）
2. 这款卸妆水不过几十元，没有更便宜的了。
   （顾客觉得被看不起、被轻视）
3. 姐，您打算买什么价位的，直接说吧。
   （太直接、不含蓄、没礼貌）

引导策略

价格，永远是顾客最重要的决策因素，没有之一。如果不了解顾客的购买力，不能对顾客的价格承受力或消费预算做出准确判断，卖手的销售就如同打靶没有准星一样，容易失去精准度，导致推荐的产品不是太贵就是太便宜，影响成交。对顾客价格承受力做出准确的判断，是卖手探索顾客需求最重要的工作，没有之一。

基于自我保护，顾客未必会将真实购买力直白地告诉卖手。爱面子的顾客会夸大购买力，谨慎的顾客会给购买力降级。顾客不愿正面回答或含糊其词，卖手依然可以通过观察顾客着装、坤包、手机、饰物、车钥匙的品牌与档次等细节，对顾客的消费层级进行判断。出色的卖手会把重点放在介绍产品的价值上，让顾客觉得物超所值。

话术范例

话术范例一

卖手："您选卸妆水，在价格上有什么要求？"（直接向顾客询价）

顾客："卸妆水要天天用，还是实惠点的吧。"

卖手："没问题，这款氨基酸卸妆水，温和不刺激，活化肤质，水溶性分解强，恢复毛孔细致不反油，卸妆同时叠加保养，令肌肤净澈水润，适合各类肤质，300毫升装，59.8元一支，算得上高性价比了。"（直接推荐合适的产品）

话术范例二

卖手："洗面奶品牌很多，价格也有高低，您觉得什么价位会比较合适呢？"

顾客："价格适中，三四十元的就差不多了吧。"

卖手："好的，其实三四十元的洗面奶已经很有挑选余地了，完全可以挑得到品质可靠的产品。您皮肤比较干，这几款洗面奶都是纯天然植物配方，清洁还能提供滋养，都挺适合您。这款是国产品牌××，价格是32.8元；这款是韩国品牌××，价格是58元；这款是欧美品牌××，价格稍高，68元，我详细给您介绍对比一下吧！"（提供3款不同品牌、价位的产品，供顾客选择）

话术范例三

卖手："彩妆套盒我们有不少，从几百元到几千元都有，您倾向什么价位呢？"

顾客："价位倒无所谓，关键是品牌可靠些，使用感觉好。"

卖手："明白，您是职场精英，工作和社交都要时刻修饰自己的妆容。品牌就是名片，能帮助您在商务交流和交际中彰显自信。另外，品质要好，这样定妆时间长，不需要经常补妆。还有一点，职业妆要淡雅点，不能太浓、太艳（让顾客有画面感）。所以，价格在700元到1000元的日韩品牌，姐，您觉得合适吗？"

方法技巧

探寻顾客价格承受力的技巧：

1. 询问顾客对品牌的要求。
2. 询问顾客对品质的要求。
3. 询问顾客对成分的要求。
4. 询问顾客对使用场合的要求。
5. 推荐高中低三种价位的产品供顾客选择。

举一反三

顾客刚进店就随意问价和卖手在了解需求阶段主动询价有何差异？你是如何理解的？

1. _____
2. _____
3. _____

如果门店产品价格超过了顾客的承受力，你该如何解决？

1. _____
2. _____
3. _____

情景14
顾客是单件还是整套购买

常见应对

1. 您是购买单品还是选择套盒？
   (没有关键信息，顾客很难做出合适的决定)
2. 您买一个全系套盒吧。产品齐，效果更好。
   (对打算单买的顾客并不合适)
3. 您先买一瓶试试，有效果再全系列购买。
   (过于替顾客考虑，效果可能会不理想)

引导策略

很多护肤品同时存在单品和套盒分别出售的情况。销售套盒对卖手而言，意味着更高的销售收入，顾客使用后有更出色的护理效果，自然是上上之选；但对顾客而言，意味着要花更多的钱，还会造成家里同类产品的积压，因此很难下定决心。要说服顾客成套购买，要从产品配套、护理需要的专业角度出发，还要从人性角度出发，为顾客提供更高的价值。

卖手先用专业性建立自身权威，再用产品的熟悉感赢得顾客信任。通过对产品全套使用方能达到最佳护理效果的陈述，呈现出顾客达成美丽梦想的画面感。从本质上说，女性对任何能够让她们变美的产品是没有抗拒力的。当然，还要注意一点，切忌一味追求高客单价，用力过度，伤到顾客。始终牢记，成交永远比成交多少更重要。

话术范例

话术范例一

顾客："这款眼贴我先买个一片装试试效果。"

卖手："谢谢亲认可我的推荐。××眼贴的特点是超高性价比,好用、实惠。熬夜引起的眼部疲劳、浮肿,一片见效。不过一片装主要适合应急和旅行便携使用。您的黑眼圈淡化修复需要时间,我建议您选6片装,随包装送一支抗皱保湿眼霜,双效修复。如果要进一步祛除眼角皱纹,我建议您按疗程购买,3盒为一个疗程,减少多次购买的麻烦,您每多用一次,就多感受一次产品使用的修复效果。用了这款眼贴,不仅眼睛亮,眼光还准。"

话术范例二

顾客："说得那么好听,不就是要我买整套吗?"

卖手："哈,小姐姐,不是我说得好听,是您长得好看。这套精粹美白包括了日常洁肤、润肤、美白、补水、营养、祛斑需要的全部精华产品,组合使用,效果更好!不用选,产品配套,省心;避免产品混用过敏,安全;价格比单品组合便宜,划算!小姐姐,全套购买就是为了您全都好看,一直好看,没毛病。"(赞美顾客,并快速成交)

话术范例三

顾客："套盒能拆开单选吗?如果可以我就选几样。"

卖手："姐,我理解您的想法,拆套单选单买,看起来更省钱。但有一说一,品牌全系列套组产品,有统一研发思路、统一配方,各组合有效成分充分叠加,能达到最佳使用效果。单买必定会与其他品牌混用,不同品牌的护肤品,特别是功效性产品混合使用,有高过敏风险,不安全。退一步讲,就算不过敏,也无法保证理想的修复效果。就像奔驰的车,用宝马的零件,肯定不合适。脸是最大的面子,全套购买,一次到位,才能百分之百享受最好的使用效果,姐,您觉得呢?"

方法技巧

不同品牌化妆品搭配使用技巧：

1. 不同品牌的护肤品尽可能不要混合使用（特别是功效性产品）。
2. 如果搭配使用，应仔细阅读说明书，确定彼此成分没有冲突。
3. 敏感性皮肤使用新产品，一定要进行敏感性测试后再使用。
4. 全面更新品牌，要循序渐进，让皮肤有7~28天的适应过程。

举一反三

不同品牌的化妆品为什么不能混合使用？你能举出实际的案例证明吗？

1. _____
2. _____
3. _____

如果顾客一定要选单品，可以卖吗？你应该如何设计话术？

1. _____
2. _____
3. _____

情景15
最近天气干燥，我想补补水

常见应对

1. 补水产品那么多，您需要哪一种呢？
   （将问题推回顾客，不专业，也显得漫不经心）
2. 好啊，××品牌的补水精华不错。
   （过快推荐，应根据顾客的需求准确推荐）
3. 您的皮肤光补水肯定不行，必须补水加美白才行。
   （打击顾客的自信，即使是出于好意，也会让顾客难堪）

引导策略

从表面上看，这类顾客有明确的需求，但深入分析一下，她们的需求可能只是一种模糊的认知或是主观的感受，顾客依然需要专业讲解和建议。卖手的应对策略是先明确，再深挖，顺着顾客认知往前走。不必为了证明自身专业性，刻意否定，甚至打压顾客，这会引起顾客不满，导致销售失败。

对于主观意愿强烈的顾客，不需要节外生枝，应迅速围绕顾客需求，选定产品，开单、收款、包装等后续服务一气呵成，卖手要追求效率。如果顾客主观意愿不强，能接受专业建议，那么，带着温度，从专业角度出发，为顾客提供更严谨、更完善的产品解决方案，卖手要追求效能。

话术范例

话术范例一

卖手："亲,我们补水类产品不少,从洁肤乳、日晚霜、面膜到保湿露,都有很好的保湿成分和效果,您在品类选择上有什么特别要求吗?"(直接了解顾客的购买选择)

话术范例二

卖手:"是的,秋天气候干燥,确实要给面部好好补补水。您对品类、品牌、成分有要求吗?"

顾客:"我用的日晚霜、洁肤乳都挺好的,就缺面膜,帮我选款合适的面膜吧。"

卖手:"姐,重点向您推荐这款。××品牌是国货老品牌,品质值得信赖。这款面膜是经典款,补水、保湿效果有口皆碑,美白效果也很出众,三效合一,价格实惠,20片装只要68元,这周厂家刚好有回馈活动,买3盒送1盒。"(回应顾客需求,并适当提升购买量)

顾客:"3盒,不会太多吧?"

卖手:"亲,要让皮肤变得水水的,要做个'996'面膜女神,早上9点贴1片,晚上9点贴1片,一周贴6天,贴足30天,为补水加分。"

话术范例三

卖手:"冬天气候寒冷,皮肤干燥、干裂,需要好好保养,您有指定品牌和产品吗?"

顾客:"姐妹推荐我用××的睡眠补水面膜。"

卖手:"可以啊,××很不错的,用的人多,赞的人也多(肯定顾客的选择),每晚睡前使用,免洗,补水效果特好。姐妹推荐,值得信赖!您需要几盒呢(直接成交)?"

顾客:"先拿两盒吧。"

卖手:"好的,马上给您开单。不过最近天气实在干燥,我建议您多选一支凝采柔肤水,每晚洗脸后使用,立刻润泽,和面膜一起双重补水。不出一个星期,您就可以无视冬天的干寒,皮肤重新变得水水的,您觉得怎样呢?"(抓住机会,进行关联推销)

方法技巧

巧妙主动地提供服务:

1. 您稍等,我马上拿给您。
2. 没问题,我帮您打开。
3. 是的,您说的品牌很棒。
4. 先试一下效果,您满意再决定要不要。
5. ××和××配合使用,双重补水,美丽加倍。

举一反三

为什么成交要比成交多少更重要?请谈谈你的理解。

1. _____
2. _____
3. _____

如何让购买意图明确的顾客买得更多或买得更广,你具体会怎么做?

1. _____
2. _____
3. _____

情景16
最近常熬夜，想买瓶眼霜

常见应对

1. 是哦，这眼圈都像大熊猫了。
   （虽然是善意的玩笑，顾客也可能会不高兴）
2. 眼霜都在这边，您随便挑。
   （这时候不能随便，要进行专业推荐）
3. 黑眼圈，用眼贴效果会更好！
   （强行"种草"，会让顾客感觉不对路）

引导策略

熬夜是现代女性的通病，黑眼圈、眼袋、眼角细纹是典型的后遗症。对于爱美的小姐姐来说，没有谁愿意带着"大熊猫"一样的黑眼圈到处晃。女性的衰老也是从眼角开始的，只要眼角有一点点细纹，她们就会抓狂，就有立刻解决的冲动。简言之，眼部产品是女性的刚需，爱美的女性任何时候都是需要美眼的。

刚需产品如何百分之百成交？不是对产品效果的任意夸大，而是对顾客购买需求的精准把握。顾客购买产品"救火"时，并不想听废话，只想尽快解决问题。她们不需要夸夸其谈的专业知识和天花乱坠的产品介绍，她们只需要明确的效果承诺。如果能得到卖手的承诺，她们会迅速接受卖手的推荐，该出手时就出手。

话术范例

话术范例一

🙍 卖手："姐，想尽快解决黑眼圈和眼袋问题（确认顾客的需求），专业推荐来啦……"（就顾客的需求迅速做出回应）

话术范例二

🙍 卖手："亲，别担心，您这黑眼圈不严重，是突然熬夜引起的。对付黑眼圈，眼贴比眼霜更有针对性，效果更快，使用简单，花费更少。××眼贴是眼贴界的扛把子，纯名贵中药植物配方，内调外治，短期使用纾解眼疲劳、清除黑眼圈；长期使用能平复眼袋、消减眼部细微皱纹，绝对是您的熬夜神器。"（为顾客做出合适的推荐）

话术范例三

🙍 卖手："小姐姐，这款美白修复眼霜正适合。国际品牌，针对黑色素形成根源的科技配方，吸收好，应急使用能快速消除黑眼圈，长期用能淡斑。使用感觉清爽，口碑好，购买的人最多。一个星期，您就可以和'熊猫眼'说拜拜了，帮您拿一盒？"（推荐和促成购买一气呵成）

🙍 顾客："行，就这款修复眼霜吧。"

🙍 卖手："温馨提示，小姐姐要保证睡眠充足，不要长期熬夜。毕竟健康才是美丽的基础。"（对顾客善意提醒，拉近彼此距离）

🙍 顾客："这些我都知道，可工作需要经常熬夜啊。"

🙍 卖手："明白了，如果避免不了熬夜，建议您多补充维生素、新鲜水果和蔬菜，内养外调，加强运动，提高身体免疫力，这样有利于恢复。"（发挥专业能力，用关怀征服顾客）

方法技巧

眼霜的使用方法：

1. 使用前彻底对面部皮肤进行清洁。
2. 适量涂抹均匀，用指肚轻柔按摩，感觉发热为止。
3. 治疗期每天使用，保养期每2~3天使用1次。
4. 保持充足睡眠和休息，避免熬夜。
5. 多食用蔬菜与水果，补充维生素。

举一反三

门店有几种眼部护理产品？销量最高的是哪款产品？畅销的原因是什么？

1. _____
2. _____
3. _____

眼贴、眼霜、眼膜有何差异？各自的销售卖点有何不同？

1. _____
2. _____
3. _____

情景17
我要去旅游，哪款防晒产品好用

常见应对

1. 肯定是我们的××最好了。
   （王婆卖瓜，自卖自夸，顾客未必认可）
2. 防晒霜吗？××、××，还有××都不错。
   （没有了解顾客的需求就盲目推荐，顾客无从判断）
3. 旅游啊，这款SPF47、PA3+就非常合适喔！
   （过于专业，顾客可能不了解字母和数字代表什么）

引导策略

因旅游而购买防晒产品，是明确且迫切的需求，顾客购买意愿达到了百分之百。说到底，这不是买不买，而是买什么的问题。很多顾客会直接将问题交给卖手来解决。她们需要靠谱的推荐、专业的防晒知识、正确的产品使用介绍。她们容易接受专业性强、高亲和力卖手的推荐。

帮助顾客选择防晒产品，应先了解其旅游地点以及户外活动时间，再根据季节、阳光强度、顾客肤质推荐合适产品。防晒系数是推荐的关键指标。产品使用方法和注意事项要详细说明，避免顾客因使用不当而损伤皮肤。如果产品的出众防晒效果得到体现，顾客在旅游结束后很快会回头，成为门店的忠实粉丝。

话术范例

话术范例一

卖手:"姐,您的护肤观念非常正。虽然现在是冬天,阳光看起来不强烈,但紫外线照射也强。长时间户外旅游,一样要注重防晒。冬季防晒,防晒系数15~20正合适,另外您是油性皮肤,渗透力较强的水性防晒产品更合适,您试试这款隔离防晒霜吧。"(针对顾客的需求推荐产品)

话术范例二

卖手:"哇,小姐姐,真心羡慕您,春暖花开,来一场说走就走的旅行。嗯,春季阳光相对柔和,SPF防晒系数20就够了。推荐这款喷雾型给您,携带、使用方便,出门前15分钟喷涂,紧急情况还可以随时补喷,旅游回来也能继续使用,不会浪费。春风十里不如您美,小姐姐,我们加个微信,我会第一时间为您发的旅游美景、美图点赞的。"

话术范例三

卖手:"哇,美女,蓝天、白云、沙滩、海浪,炎炎夏日去美丽的三亚放飞心情,想想就美!夏天紫外线强,又是在海边,防晒系数不能低于50,这样才能尽情享受浪漫沙滩日光浴。另外,下海浮潜少不了,产品抗汗和防水性也要够。这两款防晒系数60,都是沙滩专用防晒霜,使用方便,价格也相差不大。"

顾客:"到底哪种更好呢?我的皮肤比较敏感。"

卖手:"那就这款隔离防护乳吧,其主要成分有芦荟精华及天然维生素C、维生素E,性质温和、低刺激,敏感肌也能放心用。具体使用方法和注意事项我详细为您介绍一下吧。"(确认产品后进行使用介绍)

方法技巧

防晒霜使用技巧：

1. 使用前先对身体进行全面清洁，面部使用润肤水润肤。
2. 将防晒霜在全身（所有裸露在外的皮肤）涂抹均匀。
3. 等待15～30分钟，防晒起效后再外出。
4. 海边游泳或下水前，适当补充涂抹。
5. 根据防晒系数，长时间在户外要二次补涂。

举一反三

在门店组织一个防晒知识的小测试，评一评哪位小伙伴掌握的专业知识最全面。

1. _____
2. _____
3. _____

冬天外出旅游为什么也要使用防晒霜，你如何用最简单的语言讲清楚？

1. _____
2. _____
3. _____

情景18
刚发了奖金，想买套化妆品奖励自己

常见应对

1. 您想选什么品牌、成分、功效、价位的？
   （问题多了几个，温暖和热情少了几分）
2. 进口品牌区在右边，我陪您过去看看。
   （明显有宰客嫌疑，顾客害怕被"割韭菜"）
3. 哇，发了多少奖金？准备花多少买产品呢？
   （直言不讳，涉及了隐私，会让顾客难堪）

引导策略

女性购买化妆品，其实并不需要什么绝对理由，喜欢就是最大的理由。如果顾客买化妆品是因为多发了奖金对自己的奖励，卖手大概率可以判断对方是职场女性，工作比较投入，平时逛街少。顾客比较理性，即使购买化妆品这类冲动型消费，也要给自己找一个说得过去的理由。好消息是，顾客购买力大概率会超过平时的。

再精明强干的"女汉子"，外在的严谨和理性都是一件包装严密的外套，其内心依然是一个需要被呵护的"女孩子"。解除职业女性心理防御最好的办法是赞美。无论对方什么性格、什么职业、什么年龄、什么购买习惯，只要是女性，有温度的赞美就是最好的润滑剂。此时此刻，卖手不妨摇身一变，扮演一位情绪疗愈师，优先满足对方的情绪需求。

话术范例

话术范例一

卖手："哇,姐,经济不景气,还有奖金发,真是令人羡慕!赚钱就是为了痛快花。既然这是姐给自己的奖励,我建议姐不妨试一试新品牌。新产品、新感觉、新皮肤,心要是新鲜了,皮肤也会跟着保鲜,这就叫焕然一新,您觉得呢?"(推荐新品牌)

话术范例二

卖手："美女,您是妥妥的职场女精英,颜值实力并存,您就是我的偶像!既然是奖励自己的,就一次性奖励到位,开心享受!太低端的品牌咱们就不考虑了,欧美或日韩品牌您优先考虑一下。颜值加分,自信加倍,我祝美女继续晋级加薪,成为白富美。以后,您只负责富,我负责您白,还有您美。美女,就这么愉快地决定了。"(推荐高端品牌,并给顾客选择余地)

话术范例三

卖手："亲,您说得太对了,现代女性就得自己赚钱自己花,长得漂亮,还要活得漂亮。这款×××再生修复产品特别适合由长期疲劳和熬夜引起的皮肤劳损修复需要。修复再颜洁面膏、活肤水、再颜日晚霜、面膜、眼霜配套使用,能够迅速帮亲细致皮肤、修复皱纹,整个脸部呈现精神焕发的年轻状态。亲,在今天以前,只有您自己宠自己;在今天之后,把您的皮肤护理交给我,此后余生,我负责宠您。"(根据顾客的皮肤状况,做出精准推荐)

方法技巧

理性顾客引导技巧:

1. 您是妥妥的职场女神。

2. 长得漂亮，还要活得漂亮！
3. 新产品、新感觉、新皮肤。
4. 白富美，您负责富，我负责您的白和美！
5. 此后余生，我负责宠你。

举一反三

顾客购买化妆品需要明确的理由吗？请说出你的看法和做法。

1. _____
2. _____
3. _____

如果顾客是一位宝妈，如何说服对方购买更贵的产品？

1. _____
2. _____
3. _____

情景19
谈男朋友了,想让皮肤更好,变得更漂亮

常见应对

1. 您打算挑选单件产品还是套装组合呢?
   (冷冰冰的推销语言,完全体会不到顾客的喜悦)
2. 具体买什么,您自己有想法吗?准备在什么价位之间呢?
   (问句太多,顾客无从回答,也容易产生不快)
3. 既然谈恋爱,那就让男朋友来买单。
   (挑拨关系,会给顾客造成极大的压力,起反作用)

引导策略

女为悦己者容!恋爱是最好的化妆品,是推动女性买买买的超级发动机。即使是一位平日疏于打扮的女生,也会因为爱情精心打扮。恋爱的女性会带着美好看待世界,她们感觉整个世界都是阳光灿烂的,她们希望分享恋爱的快乐,她们坚信自己是美丽的,也渴望自己更美丽。每一位恋爱中的女性,都有强大无比的购买力。

对于因恋爱而购买的女性,卖手眼里要有光,心里要有爱,能够像对方男朋友一样关心她、呵护她、宠爱她。在推荐品牌、产品、价格时,要果断、自信,拥有征服的力量。整个过程,如同与对方谈一场有关颜值的"恋爱",用"甜言蜜语"让对方也无可救药地"爱"上你。对方的购买速度和爆发出的购买力,会让你感到震惊。

话术范例

话术范例一

卖手："哇,恭喜恭喜,爱情就是最好的化妆品(感同身受)。难怪我感觉小姐姐整个人都在发光,原来是被爱情的光沐浴着!俗话说'女为悦己者容',选彩妆组合,就一个标准,画出百变风格,百分之百迷死男朋友,让他约会时目光绝对不舍得离开你一眼,也绝对不会多看其他女生一眼。"(击中恋爱女性购买化妆品的核心目标)

话术范例二

卖手："真是太棒了,'择一城终老,遇一人白首'。祝您越恋爱,越美丽!亲在什么层面,就吸引什么层面的男生。归根结底,选化妆品是个'面子工程',是亲的面子,也是男朋友的面子。所以,品牌绝对不能掉价,不说国际奢侈大牌,起码日韩品牌或国内一线品牌才定得住。哪怕少买,也不能买错,您觉得呢?"(向顾客推荐高端产品)

话术范例三

卖手："愿得一人心,白首不相离!恋爱期间是女孩子一生中的最美时光,每次约会,妆容都要精心修饰。这是自己的面子,也是男朋友的面子。这套恋爱宝石彩妆组合,外观时尚,有金、银两种套盒可供选择。金色套盒是六色眼影,让眼妆更加细致迷人;银色套盒是六色晶透水亮唇色,单独上色、搭配使用都可以。高效保湿成分补充嘴唇水分和增加柔嫩感,在阳光下更迷人耀眼。小姐姐,这是恋爱女生专属款,恋爱是值得纪念的事,产品也要选得有纪念意义些,对吧?"(直接向顾客推荐适合的产品)

方法技巧

正在恋爱的顾客的引导技巧:

1. 女为悦己者容。

2. 恋爱就是最美的化妆品。
3. 这是亲的面子，也是男朋友的面子。
4. 你若芬芳，蝴蝶自来。
5. 恋爱是值得纪念的事，产品也要有纪念意义。

举一反三

恋爱中的女性会有什么样的心理特征？在购买行为上会有什么不一样的表现？

1. _____
2. _____
3. _____

恋爱中的女生购买化妆品可以让其男朋友来买单吗？为什么？

1. _____
2. _____
3. _____

情景20
闺密说这个系列不错，想了解一下

常见应对

1. 您的闺密叫什么？是我们的会员吗？
   （打破砂锅问到底，顾客会有压力）
2. 是的哦，这个系列大家都抢着买。
   （表面回应，顾客并未得到需要的肯定）
3. 那您是不是也跟着选一套呢？
   （过快促成购买，顾客还需要一个接受过程）

引导策略

很幸运，在还未与顾客遇见前，就有闺密帮忙"种草"了。这给卖手工作带来足够的信任前提。顾客多半是带着"相亲"的感觉进店的。相亲结果可以是"一见钟情"，也可以是"见光死"。两种截然不同的结果，取决于卖手与顾客初见面时的应对是否得当。只有第一印象对了，后面的"恋爱故事"才能延续。

顾客没进店前相信闺密，进店后则更相信自己的主观感受。在此场景下，卖手要处理的并非单纯与顾客的两者关系。即便闺密未现身，卖手也要在第一时间表达出对这位闺密的感谢和点赞，进而强调与顾客当下的缘分，在闺密"种草"的基础上继续深挖，延续关系，达成美好的共识，由"相亲"迅速向"相爱"发展。

话术范例

话术范例一

卖手："亲，太好了，闺密推荐，必属精品。这款多肽修复因子，被誉为抗衰修复首选，活性因子高达50%以上，含量是市面同类产品的一倍以上，能够迅速重启肌肤生命力。既然有闺密打卡，您就放心大胆选。您和满脸的胶原蛋白，就差这一盒多肽修复因子了。"

话术范例二

卖手："亲，您的姐妹绝对是专业级的。安全祛斑，首选希白多祛斑霜。两大有效成分保证了这款产品效果不凡，其一是黑色素天敌——熊果苷，百分之百植物提取，迅速吸收分解黑色素；其二是角鲨烷，抑制霉菌生长，延缓衰老。另外，它不含矿物油、重金属、化学添加剂，国家特证产品，品质可靠。而且这款祛斑霜还有一个最大优点，价格超平，179元/套，一套两瓶。姐妹推荐，值得信赖，您是刷卡还是现金？"（直接成交）

话术范例三

卖手："哈，金杯银杯不如姐妹的口碑。这款××能同时满足洁肤、润肤、护肤需要，适合各种肤质。安全可靠，效果好，纯天然植物配方，不用担心过敏问题，买的人多，口碑出众。姐妹推荐，肯定比广告靠谱，您放心购买，下次姐妹见面，可以一起交流使用感受，颜值加分，友情加倍，您是选一套吧。"（肯定产品价值，直接促成购买）

顾客："好的，帮我拿一套。"

卖手："好的，您这边扫码。姐，有一个小小的请求，如果这款产品您使用效果好，别忘了也向其他姐妹推荐，一分心意，十分肯定，百分感谢，千分呵护，我们与您一起美。"（成交不忘转介绍）

方法技巧

被闺密"种草"的顾客的引导技巧：

1. 闺密推荐，必属精品。
2. 为您的中国好闺密点赞。
3. 金杯银杯不如闺密的口碑。
4. 有闺密，更美丽！
5. 使用效果好，也请向其他闺密推荐哦。

举一反三

为什么闺密推荐对女性购买化妆品有重要的影响力？请举例说明。

1. _____
2. _____
3. _____

为促进顾客转介绍，门店设计了有针对性的奖励制度吗？执行效果如何？

1. _____
2. _____
3. _____

销售陈述实战情景训练

销售陈述不是王婆卖瓜式的自夸，而是将产品特点、优点与利益植入顾客的认知，让对方产生非买不可的欲望。陈述如恋爱一般，卖手需要充分调动顾客的情绪，让顾客看到、听到、闻到、摸到、感受到产品带给自己的价值。出色的销售陈述如同音乐家的灵巧手指，在顾客的心弦上拨动出最动人的旋律。

情景21
你们店刚开的吧，我以前没见过

常见应对

1. 不会吧，我们已经开了很久了。
   （直接反驳顾客，会让顾客感觉没有面子）
2. 是的，我们店新开业不久。
   （只是回应，并没有解决顾客的担忧）
3. 我们是很有名的连锁品牌，您怎么会没见过呢？
   （暗示顾客孤陋寡闻，得罪顾客）

引导策略

无论是日化店还是美容院，女性对于能让自己变美的门店有很高的敏感度，各城市都有标杆门店。对于新开的门店，她们天生有很多的疑惑，比方说门店规模大不大？品牌多不多？价格靠不靠谱？售后服务怎么样？会不会很快就倒闭？总而言之，对于一家新店，顾客有问题和疑虑是很正常的，卖手得有足够的心理建设，提前做好应对举措。

问题就是答案。顾客有担心正是卖手打开话题、消除顾虑，将门店信誉植入顾客认知的最佳时机。强调门店定位、产品特色，会让顾客有直观印象；强调品牌知名度，会让顾客有安全感；可靠的售后服务承诺，会增强顾客信心；大型连锁门店，着重强调门店规模和全国统一服务标准。以新开张为由，给顾客优惠或赠品，是最直接、最有效的成交方法。

话术范例

话术范例一

卖手："是的，姐，我们店还在试营业。我们是一家专业女性个人护理综合店，覆盖护肤、彩妆、个护、时尚居家品类，囊括国内外一众知名品牌、个性品牌，品类齐全、品质可靠。国内品牌满足大众，国际品牌满足高端，药妆品牌解决问题肌肤，独家品牌满足个性，新品满足求新，热卖产品满足求廉……顾客可以随心所欲，个性消费。因为新开业，我们尤其注重服务，免费建立顾客皮肤档案，提供个人护理管家服务……姐，能得到您这样高品质顾客的信任和支持，我们有信心把店经营好。给我们一份信任，还您十分满意。"（用服务承诺取信顾客）

话术范例二

卖手："遇见，就是美丽的开始。很荣幸能为您介绍门店，我们是一家新型美容综合服务店，集产品销售与轻美容服务于一体，提供国内外知名日化品牌产品销售和顾客个性肌肤定制解决方案，是传统日化门店和美容院的完美升级。我们以提升中国女性颜值为己任，我们的使命是让每一位靠近的女士成为女神！时间是最好的证明。重点来了，因为是新店，所以福利多多，亲可以注册会员，获取1314元新人礼包，今天领取，今天享受。亲，我可以确定，不管是产品还是服务，只要体验过一次，您一定会为我们点赞、打call的。"（用新店福利吸引顾客）

话术范例三

卖手："是的，我们在区里是第一家新店，但××××可不是新品牌。它是一家有20年历史，全国领先的日化门店连锁企业，总部在广州，全国2000多家店，3000万会员，日均接待顾客30万。百城千店，全国统一价格、管理、促销，所有顾客折扣共享、积分共享、服务共享。虽然我们在本区是首家店，但整个城市已超过10家店，各区都能就近购买。我们是旗舰店，为了提升服务，特别开辟了服务区，提供皮肤检测、面部清洁和问题肌肤护理，满足顾客综合护理的需求。虽然我们店开业不久，但是已经有很多爱美的小姐姐成为忠实粉丝，如果您体验过我们的专业和服务，一样会爱上我们。"（用连锁品牌征服顾客）

方法技巧

新开张门店陈述技巧：

1. 遇见，是美丽的开始。
2. 没有三分三，不敢上梁山。
3. 新店开张，我们会特别用心服务。
4. 新店开业，礼品多多，礼遇多多。

举一反三

一家新店有哪些好办法可以快速累积顾客，建立出众的口碑？

1. _____
2. _____
3. _____

新店开业可以设计什么样的促销方案，来提升人气、推动销售？

1. _____
2. _____
3. _____

情景22
这是个新品牌吧，我咋没听说过

常见应对

1. 不管品牌新不新，产品好就行。
   （错误，化妆品的品牌敏感度很高）
2. 是的，我们是新品牌，刚上市。
   （过于简单，没有进一步提升品牌价值）
3. 我们那么有名的国际品牌，您没听说过吗？
   （贬低顾客的水准，容易得罪顾客）

引导策略

品牌代表了价值溢出。对于美容化妆品而言，品牌本身就是面子。国际奢侈品牌及高知名度品牌，高高在上，天然带有居高临下的属性，它们的销售通常是轻而易举的。新品牌或低知名度品牌，天然处于劣势，会被顾客各种挑剔，甚至是鄙视。新品牌的卖手，如果无法应对这种情况，长期销售低迷，会产生挫败感，严重丧失工作信心。

尺有所短，寸有所长。新品牌虽没有绝对优势，但必定有相对优势。不做第一，就做唯一！新品牌卖手，首先要找到产品核心卖点、核心优势，构建强大的内心力量。其次要会讲故事，表述生动，把品牌故事讲到位。最后要会抓需求，世界永远不缺乏尝新者，围绕顾客需求展开新品牌、新产品、新卖点的陈述，"尝鲜"反而会成为最有杀伤力的武器。

话术范例

话术范例一

卖手："小姐姐，您眼光真准，这的确是新品牌，新品上市，请多关注。不过要说担心，我们其实比顾客更担心品牌知名度不够，卖不动凉凉怎么办?！我们敢卖，不是吃了熊心豹子胆，而是厂家给了定心丸。这款敏感肌修复产品经过××大学、××医科大学两家生物工程生化研究室的多项指标检测，还有××医院、××医院和××医院等6家三甲医院数百例临床验证，对敏感肌修复的总有效率达到了96.7%，吊打市面所有同款产品。厂家特别承诺'无效退款'。这款产品确实解决了我们的后顾之忧。我们有信心，您也请放心。"（新上市品牌陈述）

话术范例二

卖手："亲，您没听说过我们品牌很正常，我们刚刚进入中国大陆，目前只在北上广深和成都、杭州几个新一线城市开专柜，国内顾客了解不多。这是真正的国际品牌，在欧美国家非常有知名度，国际顶级明星代言，您可以向懂行的姐妹了解，上Google、小红书搜索也可以了解，××定位高端，不走大众路线。本商场是顶级的国际奢侈品商场，我们能在这里设专柜销售，就是品牌高端的保证。您可以大胆'尝鲜'，成为第一批最尊贵的超级VIP。"（适用于新进入国内市场的国际品牌）

话术范例三

卖手："嗯，很多'00后'小姐姐第一次进店都会这样说，×××是真正的百年品牌。诞生于清朝末期，是中国最早的民族化妆品品牌，有100多年历史。我外婆一辈子用的它，我母亲也是用这个品牌长大的。前些年的确淡出市场，这几年国潮风兴起，在政府重点关注下，该品牌重新包装入市，有央、省、市三级电视台采访和数百家媒体现场报道，还有80高龄的老人家现场购买，重温过去的美好记忆。×××品牌浓缩了中华民族化妆品的历史，每个产品背后都有一个传奇，每个包装背后都有一个故事。老品牌、新国潮，传承配方，领先科技，'00后'小姐姐可以自己用，也可以馈赠长辈，尽孝心，共同缅怀岁月，凝聚时光，弥足珍贵。"（有历史但顾客不了解的品牌）

方法技巧

化妆品品牌陈述技巧：
1. 国际品牌：强调品牌、历史、口碑、实力、面子、信心。
2. 国内品牌：强调民族性、适合东方女性肌肤等。
3. 地方品牌：强调服务，主打乡情牌。
4. 新品牌：强调人无我有、人有我优的产品特色。

举一反三

你了解美容化妆产品的品牌鄙视链吗？你门店所销售的品牌处于什么档次？

1. _____
2. _____
3. _____

怎样讲好门店新品牌的新故事，让顾客愿意去"尝鲜"？

1. _____
2. _____
3. _____

情景23
这个祛斑霜效果如何？能保证有效吗

常见应对

1. 这个不好说，你用了才知道。
   （如此含糊其词，如何给顾客信心）
2. 那当然，这款祛斑霜百分之百有效。
   （夸大其词，有水分）
3. 这是祛斑首选，如果没效果，你的斑就不用治了！
   （把话说死了，也把顾客得罪了）

引导策略

对于"斑敏痘"等功效型护肤产品，功效的陈述尤为重要。如果卖手自身对产品功效有信心，敢于对顾客进行效果承诺，卖手的气场会直接影响顾客，销售达成会非常简单。反之，如果顾客问及功效时，卖手唯唯诺诺，顾左右而言他，不敢直接回应，顾客必定会二话不说，放下产品就走，并会将门店永久拉黑。

卖手对产品功效进行陈述时必须遵循两个原则。第一，规范性，化妆品受国家严格监管，美白、祛斑类产品没有特证不得销售，抗衰、祛痘产品的功能宣传，要先进行功效测评和备案，应如实宣传，不能夸大其词。第二，谨守职业道德，应根据顾客的肤质情况，就产品使用效果进行准确说明，把各种不良反应或副作用说清楚，宁可拒卖，不可错卖。

话术范例

话术范例一

卖手："亲，有效祛斑的关键是选对产品。这款祛斑美容霜，融合传统中医美容秘方和现代美白护肤科技专利配方，由山桃花、白芷、茯苓等36种珍贵野生中草药萃取精制，不含任何毒害化学成分，安全、可靠。适用于雀斑、黄褐斑、妊娠斑等各类斑痕的淡化祛除，经过12年临床治疗验证，总有效率达91.89%。您是日晒斑，太阳照射后天形成，使用效果会更出色，28天可以看到明显改善，持续使用还能帮助肌肤嫩白和平滑。选择××祛斑霜，没错的。"（从产品成分和功效方面进行陈述）

话术范例二

卖手："姐，您是用了不少祛斑产品，没啥效果，怕又踩坑吧。我给姐一个定心丸，这款祛斑霜是著名制药企业××集团研制生产的，国字号特证产品，有国家颁发的身份证，在国际美容化妆品博览会上获得过'金奖'，国家免检产品，通过卫生健康委、市场监管总局、法国BF协会等多家权威机构联合认证，国内还没有第二款祛斑产品可以得到那么多的权威认可。这款祛斑霜强调安全祛斑而不是快速祛斑，它对黄褐斑和化妆品使用不当造成的铅、汞沉积特别有效。您早晚使用，坚持60天，淡斑效果肉眼可见，您要对产品有信心，更要对自己有信心哦。"（从资质和权威认证方面进行陈述）

话术范例三

卖手："姐，我非常理解您快速祛斑的心情。祛斑霜是功能性护肤品，安全第一。产品选不对，用不好，就不是美容而是毁容了。雀斑是先天形成的，医疗美容手术都不敢保证能根治。这款祛斑霜不标榜快速祛斑，不含激素、重金属、化学成分，主要以控制恶化、阻隔晒斑和黑色素沉淀，达到逐步淡斑的效果。安全、长效、内外兼治才是这款产品所强调的。除了手术治疗，这就是能够让您放心购买、安全使用的优选产品了。"

（功效陈述客观、公正，绝不夸大）

方法技巧

功能性化妆品功效陈述技巧：

1. 证明安全："它有国家颁发的产品身份证。"
2. 证明疗效："它的总有效率达到××%。"
3. 肯定功效："您放心，坚持使用肯定有效。"
4. 留有余地："即使××不明显，也有××的作用。"
5. 树立信心："您要对产品有信心，更要对自己有信心哦。"

举一反三

面部常见的斑点有哪些类型？分别是什么原因形成的？

1. _____
2. _____
3. _____

标榜祛斑快的产品会有使用风险吗？如何让顾客在安全和疗效之间做出正确选择？

1. _____
2. _____
3. _____

情景24 这个抗皱霜要多久才能见效

常见应对

1. 一个疗程。
   （过于简单）
2. 说明书上说得很清楚啦。
   （不专业，顾客也感受不到卖手的热情）
3. 效果因人而异，快的话一周，慢的话要个把月。
   （不确定的回应，反而让顾客没信心）

引导策略

人体皮肤细胞代谢周期是28天，小周期是7天。任何护肤品要呈现明确的效果，都脱离不了代谢的规律。理性上，大多数女性是相信科学的，但在情感上，她们依然期望购买的产品具有"魔法"，有脱胎换骨的焕颜效果。因为家里的科学产品已经够多了，她们迫不及待追求"灵丹妙药"，如果你家产品还是讲科学的，依然需要漫长的等待才能见效，那么她们对这样的产品没有丝毫兴趣。

卖手对顾客关于产品见效时间的回应，不用去讲科学，讲一大堆皮肤的专业知识，没有任何用处。"魔法"才能打败科学。"魔法"是什么？是点石成金。顾客购买的是一种心理预期，是一种情绪价值，是一种当下的确定。相信是世界上最伟大的力量。卖手对产品使用效果有无比坚定的信心，这个强大的气场，会让顾客瞬间相信。

话术范例

话术范例一

顾客："这款肌龄细胞修复产品要使用多久才能见效？"

卖手："姐，重点介绍来了，功效型化妆品和洗面奶、润肤水这类基础护理品的使用有比较大的区别，得按疗程来使用。这款肌龄细胞修复产品一套为一个疗程，前3天需要每天使用，以后每3天使用一次，一周明显改善，一个月皮肤会变得红润、光泽和有弹性，有一种重回18岁，满脸胶原蛋白的感觉哦。"（对使用效果明确地肯定）

话术范例二

顾客："这款抗皱活肤精华液怎么用？使用多久能见效？"

卖手："亲爱的，作为世界级的抗皱活肤精华液，它的抗皱效果显而易见，一次就能收紧和提亮。您每天早或晚将4滴至5滴精华液涂抹在脸部及颈部，就有深层修复效果，您会迅速感受到肌肤向上收紧和触摸的光滑感，效果即刻显现。这里每套8小瓶，每小瓶使用3天，一个疗程28天。每个季度进行一个疗程的护理，妥妥帮助您实现冻龄、时光永驻。"

话术范例三

顾客："我的黑眼圈和眼角纹，用这款弹力紧致眼霜多长时间能见效？"

卖手："姐，消肿、消黑和抗皱要分开说。您的眼部浮肿、黑眼圈由睡眠不足造成，用弹力紧致眼霜消肿和缓解眼部疲劳，一次有效。眼霜成分野菊花有很好的消炎、排毒、补水作用，每天早晚使用，一周有明显效果，28天，一个皮肤新陈代谢周期，就能摆脱熊猫眼。眼袋和眼角皱纹继续用两个疗程，会有显著改善。特别提醒，要想恢复效果好、不反弹，选对产品很重要，合理休息和睡眠也很重要，不能熬夜和长时间刷手机。"（明确的时间，明确的回复，明确的信心）

方法技巧

陈述化妆品见效时间的技巧：

1. 见效时间较快的产品：强调效果立竿见影，节省时间就是节省金钱。
2. 见效时间适中的产品：强调产品质量稳定、使用安全可靠。
3. 见效时间较慢的产品：强调安全，人体代谢需要周期，内外调理才是良方。

举一反三

强调产品见效快，是否会引发顾客对成分和安全性的担忧？如何才能避免？

1. _____
2. _____
3. _____

功效型化妆品需不需要特别强调见效快？这会带来什么样的后果？请具体说明。

1. _____
2. _____
3. _____

情景25
这款面膜的成分有哪些？有什么作用

常见应对

1. 主要成分是芦荟。
   （回应简单，没有充分描述成分的作用，满足不了顾客）
2. 成分有好多，我说不清楚，您自己看说明书吧。
   （就是要说清楚，顾客才放心）
3. 这款面膜主要成分是光果甘草、枣果、茵陈蒿花、黄芩根、桑根提取物。
   （照本宣科，顾客听了一头雾水）

引导策略

了解美容化妆品的成分，也是顾客基本的需求之一。购物经验丰富的顾客，在了解新产品及功效型产品时，会对其中的主要成分和作用特别关心。她们有一定的产品知识，注重安全、强调细节，往往是专家级的顾客。卖手和顾客的对话往往棋逢对手，她们会根据卖手的回应和陈述能力做出购买与否的决策。

卖手对于成分的回应，既不能过于简单，也不能掉入专业的陷阱，应遵循FAB法则来处理。F是产品成分，A是优点，B是利益。先把重要成分叙述清楚，再将成分的作用与好处讲明白，最后将使用结果代入，让顾客感受到产品的价值。描述要具备画面感，让顾客进入想象，身临其境地感受到每种精华成分能够为她们的颜值加分，其必然会心动不已。

话术范例

话术范例一

卖手："姐，您知道为什么一线女星都超级喜欢用燕窝面膜吗？因为燕窝含有超强抗氧化成分SOD，能够全面抵御自由基对肌肤的老化伤害。燕窝营养'多酚'，抗衰力是维生素C的25倍、维生素E的50倍。燕窝抗皱、洁肤的作用相当出众。××燕窝面膜采用纯正马来西亚原产燕窝，燕窝精华高达70%，高效补水、补充胶原蛋白，是明星联名打卡的面膜，长期热销。用它帮助您在炎炎夏日加倍补水及抵抗日晒，是不二的选择。夏季补水，买它、买它、就买它！"

话术范例二

卖手："小姐姐，××面膜的主要成分是死海泥。死海是地球上海拔最低的海洋，有着全球所有海泥中最丰富的有益矿物质与微量元素，美容功效与众不同。概括来说，死海泥能深层清洁，去除死皮和唤醒肌肤，有助于清除身体毒素和滋润肌肤，还有收紧和洁肤作用，其吸附多余油脂及深层清洁毛孔的能力，非其他成分所能比拟。这款面膜尤其适合油性皮肤，每周使用3次，能迅速控制油脂分泌，改善毛孔粗大，消除粉刺，重现滋润美白肌肤。小姐姐，这不正是您想要的效果吗？"

话术范例三

卖手："××面膜本月新上市，精华成分有甘油、富勒烯、棕榈酰六肽、积雪草、苦参及绿茶提取物。积雪草能抑制皮肤炎症、促进皮肤纤维细胞生长，被誉为植物胶原蛋白。苦参能平衡油脂分泌，清除皮肤毒素，重现皮肤紧致细腻。另外它采取双面膜黑科技，外层蜂窝金膜减少精华液挥发，内层富勒烯黑炭膜抗氧紧致，一面保鲜，一面释放精华。早晚使用，为肌肤年轻态赋能，帮助肌肤充盈紧致有光彩，提亮肤色，令肌肤细腻Q弹。早一片，晚一片，每周保养6天，您就是'996'面膜女神。"

方法技巧

化妆品主要成分陈述技巧：

1. 准备一份化妆品常用成分表。
2. 陈述产品整体的功效和作用。
3. 说明各主要成分及功效（F）。
4. 说明各成分对顾客的好处（A）。
5. 说明产品带给顾客的综合利益（B）。

举一反三

什么类型的顾客对化妆品成分特别关心？她们真正想了解的是什么？

1. _____
2. _____
3. _____

选择三款不同品牌或不同成分的眼霜产品，分别进行成分陈述的话术练习。

1. _____
2. _____
3. _____

情景26
这个产品用的是什么配方？可靠吗

常见应对

1. 这是草本化妆品，当然是植物美容配方了。
   （先了解顾客喜好，再针对性回答）
2. 配方我不清楚，不过这产品卖了十几年，肯定可靠。
   （热销的老产品，更需要熟悉配方及功效）
3. 这是最新科技配方，采用国际最新纳米生化技术，效果非常好！
   （一堆空泛名词，貌似科技，却让顾客摸不着头脑）

引导策略

所谓配方，就是产品各种成分的搭配比例。从古至今，各种美容配方源远流长。进入21世纪，技术与配方更是日新月异，无论是传统配方、现代配方还是复合配方都各具特色，很难简单地一较高下。顾客了解配方，并非真的对生产工艺感兴趣。她们只不过想确定一下，面前这款产品被卖手说得天花乱坠，到底有什么神奇之处。她们真正想要的还是对产品效果的确定及肯定。

若产品在配方上有独特卖点，如历史悠久、中外驰名等，卖手不妨主动介绍。介绍基于事实，表述到位，卖手的语言富有感染力，很容易激发顾客的购买欲望。如果顾客主动问及配方问题，先不急着回应，可以先了解一下顾客的知识面、兴趣点以及选择倾向，再做针对性回应，以点带面，切忌长篇大论，以偏概全。

话术范例

话术范例一

卖手: "小姐姐,您真是问对问题了。×××粉刺净的配方是它最大的卖点,传承500年的明朝宫廷秘方,凝聚了中国传统中药精华,是国家级中药保护品种之一,与××白药齐名。它具有突出的消炎祛肿、清火祛热作用,用它对付青春痘完全是小菜一碟。传统配方加纯中草药植物配方,完全不含激素,快速祛痘,还能温和养肤,两全其美。"

话术范例二

卖手: "美女,×××是国际最受欢迎的十大经典护肤品之一。每款产品都有独家配方做支持。这款护肤再造霜,含有12%的再生素以及鞘类脂、维生素E、杏叶精华及氟化油等成分,与其他品牌有明显差异。独特配方保证了这款产品的功效十分出众,早晚使用,全面呵护肌肤,可以防止肌肤老化,高效恢复幼嫩、紧致及光彩的肌肤。选择×××,是女神美丽、自信的源泉,更是颜值可靠、恒久的保证。"

话术范例三

卖手: "亲,这款面膜配方非常独特,是萃取了瑞士天然矿泉水丰富矿物质与植物精华的复合配方,富含天竺葵、薰衣草和薄荷等的天然成分,具有补充水分、舒缓肌肤等功效。适合油性、混合性皮肤使用,去污力极强,对皮肤上的痘痘有明显的消炎作用。一次使用,就能让肌肤彻底清爽,更有光泽,长期使用可令您的油性肤质,也变得白皙、嫩滑,是目前最具人气的明星补水面膜。"

方法技巧

陈述化妆品配方的技巧:

1. 先对顾客的偏好进行探寻。

2. 对产品配方的历史、构成、作用简要说明。
3. 对配方的特殊工艺、成分进行重点描述。
4. 进行总结性说明，强调产品对顾客的益处。
5. 寻机促成顾客购买。

举一反三

传统中草药配方和现代科技配方有何差别？如何阐述才不会彼此矛盾、片面主观？

1. _____
2. _____
3. _____

顾客询问配方背后的动机和需求是什么？请举实例说明。

1. _____
2. _____
3. _____

情景27
保质期多久？有特别存放要求吗

常见应对

1. 20××年×月到期，保质期前使用都可以。
   （不够专业，会让顾客随意放置）
2. 这瓶精华液需要避光保存。
   （不充分，没有说清楚要避光的原因）
3. 这瓶爽肤水保质期3年，您放在梳妆台上就可以，不用特别保管。
   （不够严谨，可能会有意外情况发生）

引导策略

药妆不分家，化妆品有着不亚于医药产品同样严格的保质要求。再昂贵的化妆品，超过保质期也不能使用。另外，某些化妆品还有特殊保管及特殊使用要求，如需要冷藏存放或打开30分钟内使用完，否则容易引起品质变化，美容变毁容。对于需要特殊保管、特殊使用的产品，即使顾客没有问及，卖手也有必要主动向顾客进行提醒。

向顾客说明保质期和存放要求时，一般首先提醒保质期，注意扣除产品正常使用消耗的时间，提醒顾客在此时间前拆封使用。其次，再向顾客告知产品使用注意事项，如果产品有特殊存放要求，进行重点说明。对于价格比较昂贵的产品、有特殊成分的产品或功效型产品，务必提醒顾客安全保管及使用，避免家中儿童误用或误服。

话术范例

话术范例一

卖手："这瓶晚霜保质期3年，还有2年8个月到期，您放心购买。日常保管注意防尘、防潮，避免被阳光直射即可。产品开封后需要在半年内使用完，晚霜是每天使用的，这瓶晚霜50ml，正常两三个月就能用完，不用特别担心这个问题。另外，过了保质期，就算产品没有用完，也绝对不能再继续使用。护肤品一定要即买即用，每天新感觉。"

话术范例二

卖手："亲，特别提醒一下，这瓶美白精华液含有左旋维C。左旋维C皮肤易吸收，是肌肤美白基础成分。左旋维C遇到光线会变色，分子结构被破坏，影响使用效果，所以您要特别注意避光保存。另外使用安排在晚上，白天出门前不要使用，否则容易吸收紫外线，让皮肤变得更黑。"（提醒顾客产品保管、使用细节）

话术范例三

卖手："缺水紧绷，姐，不存在的。×××嫩肤去角质凝露采用天然护肤成分，温和不伤皮肤，去除死皮，保留正常皮肤屏障，角质层薄也不用担心，上脸舒服，透明质酸和保湿熊果苷可以帮助恢复皮肤柔嫩和细腻。最有科技含量的是，用植物纤维颗粒代替了传统塑料颗粒，凝胶质地透明清澈，香味淡雅，好闻好用，所有肤质适用，全身适用，使用频率保持半个月一次刚刚好。产品在不使用时注意阴凉、避光、通风保管，不要放浴室，容易生菌生霉。特别提醒，去角质类产品只适合成年人，儿童皮肤娇嫩，使用容易损伤，姐可以用，姐夫可以用，但孩子一定不能用。今天晚上，姐就能在充分享受水分的同时去除角质、污垢、黑头、死皮。抚平粗糙肌肤，让肌肤恢复弹性和光泽，就在今晚哦。"

方法技巧

化妆品保质与保存的方法：

1. 防晒：强烈光线和紫外线易使油脂和香料产生氧化及色素破坏。

2. 防热：保存温度控制在35℃以下，温度过高会造成乳化体被破坏，脂水分离、干缩。

3. 防冻：化妆品中的水分结冰会使乳化体遭到破坏，质感变粗变散，对皮肤产生刺激。

4. 防潮：潮湿环境会加快细菌繁殖，使蛋白质、脂质发生变质，使铁质包装生锈。

5. 防污染：使用注意卫生与消毒，避免与人混用，防止细菌污染。

举一反三

化妆品开封后要注意哪些使用细节？如果不注意会造成哪些问题？请详细说明。

1. _____
2. _____
3. _____

门店有哪些产品需要特别保存？如何记住这些产品并做到向顾客提醒注意？

1. _____
2. _____
3. _____

情景28
产品价格这么高，包装却不咋地

常见应对

1. 怎么会呢，其他顾客都觉得很漂亮啊！
   (暗示顾客审美不如其他顾客)
2. 包装是普通了一点，但是产品还是很不错的！
   (承认了不该承认的，并没有解决顾客对包装不满的问题)
3. 您不太了解，这是最新环保材料。
   (暗示顾客见识浅，得罪顾客)

引导策略

颜值时代，也是包装至上的时代。美容化妆品天然属于颜值产业，包装不好看，当然会被顾客百般挑剔。更何况，"颜值控"的女性顾客越来越多，对她们而言，产品好不好先不说，包装颜值不够，拍照晒圈不好看，绝对不买。换言之，她们对包装颜值好看的产品，是没有多少拒绝能力的。

卖颜值、卖包装是卖手有效的销售手段。产品包装陈述围绕顾客个性和审美进行，年轻顾客强调个性，高端顾客强调国际化，理性顾客则强调环保。总之，看菜下饭，即便顾客直言包装不好看也不要急于辩解，强调包装与一线品牌、国际奢侈品看齐即可。这比强行说服顾客产品效果比包装重要、产品有效果才是硬道理等更有效。

话术范例

话术范例一

卖手："姐，这款产品包装属于简约风，的确不显高档，我记下您的意见，反馈给公司，希望公司能出一些更有高级感的设计（表明对顾客意见的重视）。不过实事求是地讲，后品牌时代，主流回归简约和返璞归真，杜绝包装过剩。像××、××，还有××××这些国际大牌最新包装设计都在走这个风格。××是国潮品牌领军者，当仁不让要扛旗。这个风格第一眼不够起眼，但越看越清爽、越看越舒服，与我们品牌无添加理念很配，好多小姐姐也挺赞这个包装的。确切地说，包装再好看，买回家都得扔，品质和使用体验才是购买首选项，您觉得呢（用主流审美影响顾客）？"

话术范例二

卖手："是的，××品牌外观风格简洁，因为倡导纯天然和环保，所有包装全部采用可回收环保再生纸制作。这款包装有黑科技的，采用UV上光技术，手感到位，还有抗菌功能，帮助您安全保管和使用产品（证明包装的科技含量）。为了鼓励环保，品牌还有一个特别规定，套盒使用完后别忙着丢，您回来购买品牌旗下任何套盒产品，空盒立抵现金100元，既能为环境保护做贡献，还能省钱，是不是一举多得（用额外利益打动顾客）？"

话术范例三

卖手："是的，亲，我们品牌包装确实比较简洁，并不是我们不能把包装做得更高级，也不是我们不舍得花这个钱，轻包装才是现在的潮流，更重要的这也是为照顾消费者的利益，我们品牌设计部算过一笔账，选择更高档的包装质材，价格至少要贵20%，这套产品1000多元，多花两三百元买一个回家就丢的包装，这不是大冤种吗？用这两三百元多选一瓶精华乳或两盒精粹面膜，用起来不香吗？亲，内在品质肯定要比外在包

装更重要！就像找男朋友可以按颜值，选帅的；但结婚过日子，必须看内在，只选对的，不选贵的！"（用帮顾客省钱打动顾客）

方法技巧

产品包装过于简约的陈述技巧：
1. 接受看法："我们的包装确实比较简洁。"
2. 说明事实："这是为了您能更高性价比地使用产品。"
3. 强调内在："选男朋友，可以选帅的；选老公，一定要选实在的。"
4. 寻机促成顾客购买："只选对的，不选贵的。"

举一反三

高大上的包装对化妆品的销售有促进作用吗？请从女性消费心理的角度进行描述分析。

1. _____
2. _____
3. _____

顾客是"颜值控"，你该如何引导对方接受产品简约的包装风格？

1. _____
2. _____
3. _____

情景29
知名品牌？我都没有看到过你们的广告

常见应对

1. 现在的品牌，已经不需要打广告了。
   （虽然互联网兴起，但是传统广告依然在抢占顾客的认知）
2. 我们在各大卫视都做了广告，您怎么没看见呢？
   （这是暗示顾客孤陋寡闻）
3. 就算我们天天打广告，您看不见也白搭啊！
   （顾客会没面子，并且觉得卖手强词夺理）

引导策略

品牌力是顾客购买的重要决策因素。广告是品牌力构成的重要手段，相当一部分的传统顾客会把品牌和传统广告手段等同起来，即广告播出平台档次和播出频率越高，品牌就越知名。随着移动互联网的迅猛发展，传统广告对品牌的推动作用在迅速弱化，更多"90后""00后"，依靠网络传播形成对品牌的认知。好友圈、小红书、抖音、快手、大众点评等新媒体每天都在制造大量网红品牌。

对于"70后""80后"传统消费者，卖手或许需要修正对方"品牌即广告"的认知偏差。但对于"90后""00后"新生代消费者，只需举证品牌在网络上的流量和曝光率，误会就能解除。基于当下更领先的品牌理论，品牌即体验，不论是对传统顾客还是新一代流量顾客，卖手都需要设计好顾客当下的体验感受和服务细节，这样就能与顾客产生共鸣，让体验抢占认知。

话术范例

话术范例一

卖手："小姐姐，谢谢您这个问题，让我有证明品牌的机会。我们的确不打传统媒体广告。'羊毛出在羊身上'，天价广告费最终由消费者买单。我们是终端品牌，注重门店服务品质和体验感。我们不花钱砸广告，不请代言人，是为了把品质和服务提上去，把产品价格打下来。小姐姐，我问您一个问题，如果我们产品效果100分，您会不会发朋友圈为产品点赞？如果我们服务100分，您愿不愿意向姐妹分享我们品牌？这个可以有吧！这就对了，金杯银杯，都不如您的口碑。"

话术范例二

卖手："是的，姐，您说得对，'酒香也怕巷子深'，大广告出大品牌！之前有一个很出名的广告说'不看广告看疗效'，广告是一时有效，顾客信赖才是持续有效。我们品牌定位纯天然植物配方，绿色环保，我们不花钱打广告，死磕研发和品质，在环保和公益事业上不惜投入重金……广告能吸引顾客来，但买不买，还是靠品质、服务、效果、口碑。您的满意，就是最好的广告，有您的认可，我们就是知名品牌！"

话术范例三

卖手："亲，小姐姐们都忙着刷屏，哪有时间看电视、看广告？抖音、小红书、大众点评、朋友圈更圈粉。我们是定位'95后''00后'的新国潮美妆品牌，不打传统媒体广告，但品牌营销推广活动可不少，我们拍过网络电影，赞助过电视栏目和体育赛事。每年品牌年会都是大动作，影视明星、歌手、奥运冠军都到过我们年会现场共襄盛事，这些是明星现场打call视频，网络流量都几十亿啦！今年年会安排在海南三亚，万人规模。明年全国正式推动'人人都是颜值官——我为××代言'品牌活动，今天购买就可以参加海选，获评××十大最美代言人，终生免费使用产品，还能成为下一部网络电影特邀演员……亲，我们不用花钱请明星代言，您就是我们的最佳代言人。"

方法技巧

品牌没有广告的陈述技巧：

1. 对自家品牌定位了如指掌。
2. 生动地向顾客陈述品牌故事。
3. 品牌主张："我们是终端品牌，更注重服务和体验。"
4. 认清事实："不看广告看疗效。"
5. 强调重点："您的满意，就是最好的广告。"

举一反三

"95后""00后"消费群体对传统广告的认知有何变化？对门店经营有何影响？

1. _____
2. _____
3. _____

如果不打广告品牌不知名是顾客的认知偏差，我们应该如何陈述以消除顾客的误会？

1. _____
2. _____
3. _____

情景30
这台是啥仪器？有什么护理效果

常见应对

1. 这台是皮肤检测仪，测试肌肤问题的。
   （表面回应，实则没有弄懂顾客询问的言下之意）
2. 这是美肤神器"氢氧小气泡"，清洁、补水一级棒！
   （略带夸张，没有给出具体说明）
3. 这是光子嫩肤仪，多种功效，适合任何肌肤状态。
   （没有针对顾客需求开展介绍）

引导策略

传统日化门店和品牌专柜销售产品，不提供清洁、补水等皮肤护理服务。但是随着行业竞争加剧、电商直播带货的兴起，竞争升级，科技升级，经营也在升级。为了增加竞争力，众多大型美容化妆品门店和日化品牌连锁店打破传统，积极引进小型美容仪，开辟服务区，为顾客及会员提供面部清洁、补水、祛痘等轻美容及快捷美容服务。

卖手可以在门店布置上下些功夫，将轻美容仪器、相关服务手册、项目手册放在显眼处，引发顾客主动询问。"好奇心害死猫"，卖手如果引导到位，顾客很容易被撩起兴趣。在实践操作中，轻美容服务可以作为顾客购买后的售后或赠送服务，帮助卖手促进主力产品的销售，也可以直接引导顾客办理护理次卡或月卡，增加门店收入。

话术范例

话术范例一

卖手："小姐姐，这是美容'小气泡'。您在咱们店见到它，代表了我们有两个升级。第一是仪器升级，这台'氢氧小气泡'，比普通'小气泡'更牛的是能把硬水转化为软水和氢氧离子水，快速打开毛孔，深层补水保湿，快速吸收。第二是服务升级，您可以自由选购产品，也能轻松享受面部清洁、补水等轻美容服务，减少您日化店、美容院两头跑的麻烦，节省护理开支。购买家居产品满198元就送体验1次，购买'斑敏痘'套盒送4次。'氢氧小气泡'在美容院单次护理收费128元，我们店办理10次疗程卡只要280元，行业地板价。您可以选产品免费体验，也可以直接体验，我给您一个会员体验价，58元。"

话术范例二

卖手："美女，燕窝面膜补水效果一流，不过想滋润加分、补水加倍，还缺一个嫩肤神器哦。"

顾客："啥，有面膜就可以了，别又向我推销一大堆产品。"

卖手："哈，美女，放心，绝对不是推销产品。这是我们店新配置的光子嫩肤仪，您在美容院见过吧？花钱护理过吗？嫩肤效果挺不错的！"

顾客："是的，我见过用过，有点小贵，一次百八十元，哎，你几个意思，想我办卡吗？"

卖手："美女，别误会，我们是日化店，靠产品盈利，和美容院靠服务盈利不同。现在行业卷，增加仪器也是为了增加服务，留住客人的心。光子嫩肤的作用，美女很熟悉了，我就不啰唆了，这台光子嫩肤仪提供七大纳米光动力，超越普通光子嫩肤仪4种光波模式，深入三大肌肤层，改善八大问题肌肤，焕颜新生，与面膜搭配使用是绝代双骄。您选了面膜，我准备给您送福利呢。一盒面膜送一次光子嫩肤，一次购买10盒，送12次，面膜是'996'女神标配，10盒不过是几个月的消耗，不浪费。12

次光子嫩肤在美容院怎么都要上千元了，我们免费送给您，您回来护理，相当于我们额外还送了面部清洁12次，满满的福利哦！怎么样，美女，值得您心动加行动吧？"

方法技巧

美容仪器的介绍方法：

1. 介绍仪器："这是××，是美容院的嫩肤神器。"

2. 介绍功效："具有深层清洁、补水注氧、收缩毛孔、美白嫩肤、提升紧致、七彩面罩、产品导入七大功效。"

3. 介绍卖点："它能把硬水转化为软水、氢氧离子水，快速打开毛孔，深层补水保湿，快速吸收。"

4. 顾客利益："减少您日化店、美容院两头跑的麻烦，还能节省护理开支。"

5. 塑造价值："美容院怎么都要上千元了，我们免费送，满满的福利哦！"

举一反三

门店配备了哪些美容仪器？它们的功能和操作你都熟练掌握了吗？

1. _____
2. _____
3. _____

日化门店提供皮肤检测和面部护理服务有必要吗？对门店经营有什么直接的好处？

1. _____
2. _____
3. _____

ined # 4

销售体验引导实战情景训练

巧克力的甜，品尝了才知道；爱情的醉，爱了才知道；顾客的美，保养了才知道。好产品自己会"说话"。抛开体验讲产品，永远是隔靴搔痒。在用户体验至上的时代，卖手要学会少说话，用体验让顾客开口多说话。顾客每一次满意的购物体验，都是由卖手精心设计出来的。

情景31
如何引导顾客试用化妆品

常见应对

1. 喜欢的话，可以试一下效果。
   （太平淡，对顾客几乎没有触动作用）
2. 这是本季新款口红，要试一试效果吗？
   （没有明确的诱因，顾客听了不想试）
3. 美女，我们店可以免费修眉化妆哦。
   （十有八九会被顾客薅羊毛）

引导策略

无论是日化门店还是品牌专柜，都会准备各类产品小样及试用装，让顾客免费体验，从而达到销售目的。先试用再成交已经是卖手的标准程序。同样，有经验的顾客看上某款产品，通常也会主动提出试用要求。无论顾客最终是否购买，产品试用和体验即意味着顾客对产品从感兴趣阶段进入深入了解阶段。体验是顾客通往成交的必经路径。

顾客一般不会拒绝试用。但是，卖手一定不能为试用而试用。先锁定顾客需求，对产品卖点进行"种草"；再说明试用会产生的感受；最后对使用效果进行描述。试用是体验过程，也是与顾客深入互动，将顾客需求放大，将产品成分、功效、好处植入顾客认知的过程。卖手借此将产品成分、功能的语言描述变成顾客的亲身感受，将顾客感受转化为顾客利益。

话术范例

话术范例一

卖手:"小姐姐,有眼光。这款焕彩口红,最适合时尚、潮流的女生。你的皮肤底子好,白里透红,紫色更衬肤色。唇色是性感的灵魂,紫色解锁浪漫和神秘感,一定会惊艳所有的姐妹。我给你试一下效果,我保证小姐姐自己都会被惊艳到。"

话术范例二

卖手:"亲,我看您对这个系列的指甲油有些爱不释手。'百闻不如一见,一见不如一试',只有试过才能确定合不合适。亲最喜欢哪两个颜色?我都给您试用对比一下。女人的精致在美甲,美甲的精致在甲色。给我几分钟时间,您就能做出准确选择。"(针对有兴趣,但还没确定具体款式的顾客)

话术范例三

顾客:"不用试了,我还没考虑好要不要买,还是算了吧。"

卖手:"小姐姐,不用您自己那么辛苦去考虑,试用是让产品'说话',好不好用,合不合用,产品自己会告诉您。试用感觉效果好,您再决定要不要,如果感觉不好,换一个更合适的。我的责任是为您选对的产品,买不买,肯定是由您自己决定的!"(针对害怕体验后会被强迫购买的顾客)

方法技巧

引导顾客试用及体验的技巧:

1. 主动引导试用,语气要积极、肯定。
2. 锁定产品,先为产品的优点"种草"。
3. 重要性:"好不好用,产品自己会说话。"

4. 打预防针:"买不买,由您自己决定。"
5. 给予价值:"试用感觉好,请为我们打个卡、发个朋友圈。"

举一反三

产品试用和体验对促成购买有何帮助？是不是所有的产品销售都要进行试用？

1. _____
2. _____
3. _____

顾客拒绝试用的情况多吗？如果有,你是怎么处理的？请举例说明。

1. _____
2. _____
3. _____

情景32
如何用皮肤测试引导产品体验

常见应对

1. 小姐，需要免费测试皮肤吗？
   （可能会被顾客直接拒绝）
2. 小姐，您这是典型的干性皮肤。
   （过于主观，可能会产生错误判断）
3. 小姐，您的皮肤容易过敏吗？
   （询问太直接，会引发顾客的不快）

引导策略

护肤品和彩妆不同，需要依据顾客肤质做出准确推荐。敏感肌肤和功效型产品，应先做敏感测试，才能对症推荐、安全推荐。卖手对购买护肤品的顾客进行皮肤测试，通过皮肤检测结果自然过渡到产品推荐上，会让整个服务流程丝滑。就顾客心理来说，任何女性对深入了解自己的皮肤状况都很有兴趣，皮肤测试并非推销，更容易接受。

相当一部分的日化门店配备了专业皮肤检测仪，使得皮肤诊断摆脱了过去靠目测、手测及经验的尴尬和误判，检测结果更具科技性和专业性。卖手要能熟练操作检测设备，在检测过程中让顾客参与对话，对毛孔、积垢、堵塞、油脂、干裂皮肤等特殊情况进行详细对比，做出专业分析和解读，让顾客信服。皮肤检测是卖手建立专业性和权威性最重要的方法，没有之一。

话术范例

话术范例一

卖手："姐，您的皮肤保养知识非常丰富，已经是专业级了。您对自己的肤质情况肯定是非常关注的，我想了解一下，您最近一次做专业皮肤检测是在什么时候，距现在有超过3个月吗？"（适用于比较有经验的顾客）

话术范例二

卖手："美女，您的面部皮肤非常薄，毛细血管和血丝很明显。根据我的经验，这是敏感性肌肤的特征，您平时在饮食和使用护肤品方面是否容易过敏呢？"（针对皮肤特征明显的顾客）

顾客："是啊，不但用化妆品容易过敏，连花粉和鸡蛋都会过敏。"

卖手："这样您在选择护肤品时就需要特别小心，优先选择纯天然、抗过敏的护理产品。这款寡肽原液，专门针对敏感性肌肤设计，滋润皮肤，对敏感皮肤有很不错的修复作用。我先在您手腕上做个测试，看看皮肤对产品的吸收性，排除一下过敏。这款原液产品和普通产品有哪些不同，它自己会告诉您。"（敏感肌肤先做产品抗敏测试）

话术范例三

卖手："小姐姐，我们店配有国内最新的5.0魔镜皮肤检测仪，超先进。放大200倍检测毛孔、油脂分泌、痘痕、色斑、色素沉淀和真菌感染。全方位分析皮肤，输出皮肤检测报告，提供皮肤医学专家级的护理建议，几分钟就可以帮您全面了解肤质状况。根据皮肤情况对症选产品，怎么选怎么放心，怎么用怎么有效果。您放心，皮肤检测是新人福利，完全免费。后续还会为您建立个人皮肤管理档案，随时根据皮肤改善情况，调整产品方案，既科学又方便，不花费一分钱。体验区在左侧，您这边请。"（用专业检测仪为顾客检测）

方法技巧

常见皮肤类型判断的方法：

1. 油性皮肤：油脂分泌旺盛，毛孔粗大，易长痤疮与粉刺。

2. 中性皮肤：皮肤质地均匀，毛孔较细腻，有光泽与弹性。

3. 干性皮肤：皮肤白皙，干燥缺水，冬天容易干裂、脱皮。

4. 混合型皮肤：T字区油脂分泌特别旺盛，两颊呈干性或中性皮肤状态。

5. 敏感性皮肤：皮肤薄，毛细血管清晰可见，有明显的血丝分布。

举一反三

常见的女性面部皮肤类型有哪些？各有什么特征？

1. _____
2. _____
3. _____

顾客做完皮肤检测后，如何根据检测结果推荐产品和引导试用？

1. _____
2. _____
3. _____

情景33
这款洗面奶效果一般，用了还是油油的

常见应对

1. 您是第一次使用，不习惯而已。
   （劝慰性语言，没有真正的说服力）
2. 这款洗面奶主要功能是滋养，清洁力是差一点！
   （自己承认不足，顾客会购买就奇怪了）
3. 试用时间不够，回家多洗5分钟就可以了。
   （解释不到位，反而会让顾客觉得很麻烦）

引导策略

洗面奶是女性清洁类护肤品中的基础产品，是顾客最有使用经验和发言权的护理产品。洗面奶的作用是清洁皮肤、补充水分以及提供皮肤滋润。顾客有洗不干净的感受，通常是由产品不适合顾客的皮肤状况、产品不适应当前季节或是顾客使用方式不正确造成的。

产品试用的第一准则是产品适合，这样即使顾客试用有疑惑，也可以给予专业解析。更好的办法是卖手熟悉产品使用感受，对于使用感受和普通经验落差较大的产品，试用前最好将使用感受告知顾客，这样对方不仅不会有疑虑，反而能把这份感受放大，成为产品有效的证明。

话术范例

话术范例一

卖手："是的,小姐姐,您是油性皮肤,正常情况下确实需要强清洁力的洗面奶来对付油脂分泌。不过现在已经进入秋冬,气候干燥、寒冷,控油战略要及时调整。过度清洁会加快水分和营养成分的流失,即使是油性皮肤也会蜕皮和干裂。所以需要适时更换性质温和的清洁产品,加强水分、营养的补充更科学。这款洗面奶富含滋养成分,有效补充水分,用后皮肤含水量高达71%,还能修复皮肤开裂和恢复皮肤弹性,适合秋冬使用。您初次使用略感不习惯,稍等两分钟,滋养成分吸收后就不会有油的感觉了,不用担心使用效果。"(针对改变习惯而引起不适的顾客)

话术范例二

卖手:"亲,您是干性皮肤,皮肤细胞缺水。您之前使用的洗面奶虽然温和,但偏重深层清洁,并不完全适合您。这款洗面奶是滋润型的,特别针对干性皮肤,加强了保湿因子和营养成分的补充,有助于修复皮肤纤维,恢复皮肤弹性。您觉得油,是营养成分在滋润皮肤,和您所说的皮肤分泌的油脂、污垢清洗不掉可不是一回事哦!"(针对有错误观念的顾客)

话术范例三

卖手:"亲,选择护肤产品,不仅要选对,还要用对。这支洗面奶清洁力超强,产品没有问题,只是您脸部油脂分泌特别旺盛,所以每次清洁时间要长一些,需要手法细致、适当按摩,保证乳液完全转化为泡沫。T字区油脂分泌最旺盛,需要多洗一两分钟。虽然现在是夏天,也要用温水清洗,加快油脂溶解,这样就不会有洗不干净的感觉了。另外,清洁去油后还要及时补水,我建议您再配一支补水原液补充水分、收缩毛孔、控制油脂分泌,护理效果会更好。"(针对使用方式不当的顾客)

方法技巧

处理顾客感觉洗面奶清洁效果不好的技巧：

1. 从使用习惯上："因为您初次使用，还要习惯几次。"
2. 从皮肤状况上："您是×性皮肤，之前的产品并没有特别针对肤质。"
3. 从季节变化上："现在秋冬季了，需要给皮肤补充水分和营养。"
4. 从使用方式上："化妆品使用除了选对产品，还要用对产品哦。"
5. 从产品搭配上："结合×××，彻底清洁、滋润更有保障。"

举一反三

顾客为什么会感觉洗面奶清洁力不够，洗不干净？通常该如何解决？

1. _____
2. _____
3. _____

敏感性皮肤适用什么类型的洗面奶？你在日常工作中是如何巧妙推荐的？

1. _____
2. _____
3. _____

情景34
这爽肤水不是纯天然的吧,怎么感觉热辣辣的

常见应对

1. 肯定是纯天然的,说明书写得很清楚了。
   (顾客最反感的就是把所有问题都推给说明书)
2. 热辣辣的才有效果哦!
   (不负责任、片面地解释)
3. 抱歉,是我没有向您说清楚会有这种反应!
   (道歉没用,顾客已经有不好的感觉)

引导策略

体验是为了把产品卖点转化为顾客利益。"纯天然"是产品卖点,顾客试用时感觉到清爽、味道好闻,试用后照照镜子,皮肤有水水的感觉,用手摸一摸,润润滑滑的。这些顾客真实感受到的,就是顾客的利益。顾客试用后没有舒适感,反而有"热辣辣"的不良感受,与期待感受不符,当然会对产品纯天然抱持怀疑态度了。

要清除这类"不良"的体验感受,最好的办法是打"预防针"。试用前就告知顾客产品植物提取成分在对破损皮肤消炎和修复时,会有"热辣辣"的感觉,顾客不仅不会误会,反而会相信产品很有效,这就是程序正确的力量。如果亡羊补牢,就用产品说明书、成分说明、质检报告等予以解释,再加上其他顾客有相同使用感受的见证视频,顾客会更容易相信。

话术范例

话术范例一

卖手："小姐姐，我确定、肯定这款润肤水是纯天然配方。一样米养百样人，同一款产品，不同的小姐姐使用感受都不一样。我没有提前说，是有点担心会吓到您，您的皮肤干燥、失水、蜕皮、受损严重，有这个刺激感，是皮肤在抗议，在告诉您，皮肤保养要赶紧做起来。护理是每天花一点点时间的小麻烦，但不注意保养，皮肤提前衰老，那就是一辈子的大麻烦啦！"（用坚定的语气解除顾客的担忧）

话术范例二

卖手："亲，是担心这款爽肤水有酒精成分吧？含酒精的爽肤水使用后也有刺激感，不过酒精味道刺鼻，很容易闻得出。您拿产品细闻一下，是不是非常纯的植物清香，没有酒精的刺鼻味道吧？您再看配方表，这款爽肤水有薰衣草和金缕梅成分，这两种植物成分都有消炎、收敛、镇定作用。现在刚好换季，皮肤对外抵抗力会降低，对护肤品会变敏感，有轻微刺激感是正常的，等皮肤修复后就会消失。不用担心，这款润肤水正适合换季使用。"（从产品成分和季节原因进行充分说明）

话术范例三

卖手："亲，别担心，这是爽肤水的有效成分在为你消炎、镇定和收缩毛孔。这种热辣感说明这款爽肤水对你特别起作用，能特别有效帮你修复破损的皮肤。你再仔细感受一下，现在有没有感到特别清爽？你自己用手摸一摸，是不是特别滑？这里有镜子，你照一下，有没有看到一位皮肤特别润、特别有光泽的大美女啊！亲，笑一笑，爱死你这么好看的样子。我拿手机给你拍下来，把你最美的时光定格下来！"（用产品实际效果说话，关照顾客的情绪）

方法技巧

消除顾客对产品纯天然性持怀疑态度的方法：

1. 向顾客清楚介绍产品的成分。
2. 对使用感觉和反应详加说明。
3. 用产品说明书、成分说明、质检报告进行佐证。
4. 将产品感受转化为顾客利益。
5. 试用前后分别拍照进行对比。

举一反三

顾客试用产品后的刺激感是由哪些因素造成的？具体原因有哪些？

1. _____
2. _____
3. _____

门店哪些产品使用后有特殊感受？进行汇总并制作对应产品、成分、使用反应汇总表。

1. _____
2. _____
3. _____

情景35
这款祛斑霜含重金属成分吗

常见应对

1. 您放心，肯定不会。
   （太过简单，没有提供事实依据）
2. 我们这款产品卖了很久，您尽管放心。
   （回答不够充分，需要进一步展开论述）
3. 那是别的品牌，和我们没关系。
   （转移矛盾，有攻击其他品牌的嫌疑）

引导策略

解决"斑敏痘"问题可谓美容的刚需产品。为了刺激购买，满足顾客快速变美的迫切心理，某些产品会不当宣传，过分夸大其使用修复效果。更有甚者，会踩法律红线，在产品中非法添加铅、汞等重金属成分。这类违规伪劣产品初期使用见效快，但长期使用会造成面部色素沉淀、色斑反弹，甚至引起皮肤癌变，危害极大。

顾客此类担忧，并非刻意针对卖手，而是"一朝被蛇咬，十年怕井绳"。卖手在情感上要能感同身受，充分理解顾客的心情。在行为对策上，可以用产品成分表、质检报告、药监局证书等证明产品的安全性。最有信服度的办法是有大量顾客皮肤改善的真实案例让对方产生信心。如果卖手自己就是产品的受益者，对说服结果有很大的加分。

话术范例

话术范例一

🗣 卖手："亲，不用担心，祛斑产品重金属超标这种现象现在杜绝了。一是消费者成熟，购买前会特别注意成分和安全性。二是国家监管很严，产品配方和检测成分必须一致，有任何非法添加，轻者罚款，重者承担法律责任。宣传功效要有功效测评，祛斑类产品要经数年论证，确定安全有效，国家颁发特证才能生产和销售。是不是正规厂家和正规品牌网上一搜就清楚，谁敢以身试法？这款祛斑霜的质检报告、备案、特证，您看一看，有国家颁发的'身份证'，有国家为您监管把关，产品安全问题完全不用担心。"（从国家监管角度消除顾客顾虑）

话术范例二

🗣 卖手："美女，您的担心很有道理。群众的眼睛是雪亮的，祛斑效果吹得越离谱，消费者越不会上当。别的品牌我不清楚，××的产品，首先强调安全，所有产品纯天然配方，无任何重金属、有害化学成分，孕妇和婴儿都可以安全使用。另外，我们店开了10年，一直靠信誉和口碑经营。您看这里张贴的是我们的服务承诺，'假一罚十，无效退款'。还有这是国家监管部门的举报电话，有任何问题，欢迎监督举报。您担心的那种假冒伪劣产品，我们过去没有，现在没有，以后更不可能有，您就放100个心吧。"（从品牌理念、门店服务承诺、监督举报等多个角度打消顾客疑虑）

话术范例三

🗣 卖手："姐，您问得太对了。和您一样，我们对市面上夸大其词、不负责任吹嘘功效的祛斑产品也是深恶痛绝的。××祛斑霜是纯天然、无添加的特证产品，我们不承诺快速祛斑，而是安全祛斑。产品作用的秘密是3C因子：1C阻止黑色素形成，防止斑点加重；2C将已形成的黑色素转化为浅色素；3C淡化已形成斑点，从根本上解决色素沉淀问题。虽然见效时间稍长一点，但胜在安全，不用担心反弹，更不用担心后遗症。我自己就是这款祛斑霜的'忠实粉丝'，坚持用了大半年，淡斑效果非常明显，我可以为这款产品的祛斑效果代言，您一样也可以的。"（从产品功效和个人使用经验等角度消除顾客顾虑）

方法技巧

功效型化妆品安全可靠证明技巧：

1. 立场："和您一样，我们对夸大其词、不负责任的产品深恶痛绝。"
2. 态度："安全、快捷、高效，我们把安全放在第一位。"
3. 证明："有国家颁发的'身份证'，有国家替您监管把关，不用担心。"
4. 信心："我们店承诺'假一罚十，无效退款'。"

举一反三

功效型化妆品在门店整体销售中所占比重如何？销售重点与一般护肤品有什么不同？

1. _____
2. _____
3. _____

祛痘类和抗敏类功效产品该如何销售？请根据门店在售产品的效果设计话术。

1. _____
2. _____
3. _____

情景36
这款纤体霜不用节食吗？停用不反弹吧

常见应对

1. 对，不用节食，不会反弹。
   （只是重复而已，并没有增强顾客的信心）
2. 说明书上都说了，不运动、不节食、不反弹。
   （说明书有用，要卖手做什么）
3. 减肥产品好不好用，试了才知道效果！
   （即使是事实，顾客也不爱听）

引导策略

减肥是相当一部分女性的执念，大概率是不可能成功的，但以"地老天荒，死不放弃"来形容她们对减肥的执着也未尝不可。她们对任何减肥产品都有极大的兴趣，哪怕她们的理智明明清楚减肥需要依靠科学和意志，但她们依然希望有一款能让她们脱胎换骨、实现魔鬼身材的"神药"横空出世，能立竿见影，轻易实现她们秒变女神的梦想。

减肥过程是痛苦的。因此强调不运动、不节食、不反弹，轻松减肥已经成为所有减肥产品的统一口号，这样做其实未必奏效，因为顾客已被套路过N多次了。卖手直言瘦身不易，更显诚意；强调塑形而非减肥，更显差异化；强调不怕买错，就怕错过，更容易抓住顾客的心理。对于多次减肥失败的顾客，不标榜产品，鼓励对方做个微胖界的女神，反而有无心插柳的意外收获。

话术范例

话术范例一

🙍 **卖手：** "是的，亲。这款纤体霜不运动、不节食、不反弹。它的理念是塑形而非减肥，不是单纯减体重，而是控制体脂率。好身材得塑形，前凸后翘、玲珑有致，该挺的挺，该翘的翘，该瘦的瘦，才是完美身材（说明减肥和塑形的差别）。××纤体霜塑形，直接作用于皮下脂肪，哪里要瘦就涂哪里，按摩3~5分钟就可以快速分解脂肪，燃烧您的卡路里。只要您不是半年内体重暴涨的，就不需要节食。同样您不暴饮暴食，就不用担心反弹。当然，塑形加运动，加健康生活和规律饮食，身材肯定可以从塑形向女神升级。"

话术范例二

🙍 **卖手：** "亲爱的，俗话说'一口吃不成胖子'，一天也减不成瘦子。科学减肥是90%的坚持加10%的产品。这款纤体霜是外用产品，安全性高，没有后遗症，不运动、不节食，使用轻松。它的实验报告说总有效率是87.5%，效果大有保障。说句大白话，选减肥产品就跟找男朋友一样的，遇到心动的小哥哥，要主动出击，大胆追，宁可错追，不能错过。选减肥产品也一样，不怕错买，就怕错过。这款纤体霜，用了的小姐姐都说好，该出手时就出手。"（强调减肥需要抓住机会）

话术范例三

🙍 **卖手：** "小姐姐，产品好不好，谁用谁知道。我也是个资深减肥控，试过很多口服减肥产品，不是拉，就是一停就反弹，人受不了，身体更受不了。这款纤体霜到店，还没有开始卖，我就第一个下手了。还真别说，挺有效果的。3个多月，不运动、不节食，我的体重从127斤降到115斤，腰围从87厘米降到78厘米，腿围也减了5厘米，我身高165厘米，这个比例不算百分之百理想，但我已经很满意了。现在流行'微胖界的女神'，身材好的标准是穿衣显瘦，脱衣有肉。这款纤体霜您要是用起来，效果也

是好得不要不要的。"（以自身体验赢得顾客的信任）

方法技巧

外用减肥产品体验、试用技巧：

1. 针对腹部、臀部脂肪堆积明显的部位做体验。
2. 准备卷尺、纸笔，记录前后对比并同步拍照。
3. 详细向顾客解释不节食、不反弹的原因。
4. 强调科学减肥，澄清减重与塑形的差别。
5. 提醒顾客科学运动、饮食、生活规律都很重要。
6. 和顾客交流自己的减肥体验。

举一反三

世界上有绝对有效的减肥产品吗？为什么？

1. _____
2. _____
3. _____

减肥和塑形有什么差别，你能够准确向顾客描述吗？请写下你的话术。

1. _____
2. _____
3. _____

情景37
紫色眼影太妖艳，好像不适合我

常见应对

1. 这是紫色魅惑系列，要的就是妖艳！
   （顾客拒绝的可能就是这种妖艳感）
2. 不喜欢吗？那我再给您换一种效果。
   （轻易放弃，再试的效果只会更差）
3. 您是不够自信，我看就挺漂亮的。
   （虽然说的是事实，但也容易冒犯顾客）

引导策略

　　化妆是美丽的需要，也是商务社交的需要。如果说护肤品使用是保养皮肤，让皮肤保持自然、健康的年轻态，如春风化雨，了无痕迹；彩妆产品则是给皮肤穿上一件外衣。高明的化妆术堪比武侠世界的"易容术"，给女性换了一张脸，什么样的皮肤瑕疵统统可以遮盖掉。越是正式重要的社交场合，对女性的妆容要求就越高。

　　顾客购买重彩妆产品时，妆面效果越好，顾客的反差感就越大。不是不美，而是接受需要一点信心。要让顾客接受非生活化的重妆效果，卖手要从TPO原则进行引导。T是时间，根据季节和使用时间决定妆面；P是地点，根据社交档次决定妆面；O是目的，约会和名媛慈善晚宴的着装、妆面当然有区别。强调一个原则，"到什么山上唱什么歌"，轻松愉快地让顾客信服、接受。

话术范例

话术范例一

🙍 卖手："亲,紫罗兰代表了成熟和梦幻。您的皮肤暗沉、偏黄,正适合这个色系(根据顾客皮肤情况进行说明)。另外,您的感觉内秀,这个眼影效果非常棒,代表了强烈的自信、内在激情和魅力的释放,展现了您前所未有的光彩。有一说一,能帮您达到这个惊艳效果的眼影绝对不多。您问一问我们店其他小姐姐,大家说,这位美女的眼影造型效果怎么样?是不是被惊艳到了?"(运用强烈的信念影响顾客)

话术范例二

🙍 卖手："亲,这下到位了,这个魅惑紫色妆,要达到的效果正是您说的'妖'、成熟、梦幻和浪漫。紫罗兰代表了永恒的诱惑和性感,您出席的是高级名媛会,妆容要盖住其他名媛,当然要与众不同。这种'妖'的感觉,耀眼不风尘,性感又显高冷,谁也挡不住您这'该死'的女神魅力!这不正是您想要的?!"(针对顾客使用场合做说明)

话术范例三

🙍 卖手："小姐姐,您是不是觉得紫色眼影是阿姨用的,不适合年轻宝宝?这是一个美丽的误会,紫色是常见的眼影色系,只有年轻、皮肤底子好的小姐姐才能压得住。这款眼影可以在成熟、冷艳、青春、清纯、精致、个性各种妆面风格中自由切换。为了表现这款眼影的最佳效果,这是适合晚宴的重妆效果。晚宴妆都压得住,生活妆当然不在话下。我把单开好,再为您介绍几种生活妆画法(必须先开单,再传授)。这样您可以根据需要随时画出自己要的感觉。如果您要出席重大活动,自己搞不定,回来找我,我免费给您化妆!"(针对顾客化妆能力不足做说明)

方法技巧

彩妆试用体验技巧：

1. 试用前：先说明色彩含义及要给顾客试用的效果。
2. 试用时：与顾客边聊边试，化妆手法专业、稳定。
3. 试用后：用强烈的肯定，激发顾客进入使用场景画面。
4. 促成购买：利用传授化妆技术和免费化妆促成顾客购买。

举一反三

眼影与肤色如何搭配？你能根据顾客肤色、着装、妆容迅速推荐合适的眼影色系吗？

1. _____
2. _____
3. _____

除了单款单色的眼影外，眼影套盒如何销售？有何精彩话术？

1. _____
2. _____
3. _____

情景38
这类唇彩容易掉色，不持久

常见应对

1. 唇彩本来就是这样的！
   （一副顾客少见多怪的样子）
2. 掉色是常见问题，多补几次就可以。
   （会让顾客感觉麻烦，不利于促成购买）
3. 这个价位，只能是这种效果了。
   （暗示顾客买的是便宜货，会让顾客觉得被看不起）

引导策略

嘴唇，决定了女性的性感程度。所谓"一点朱红印娇容"，有不买名牌衣服的女性，但很难见到不买品牌口红和唇彩的女性。哪位女性出门，会忘记在随身手包里放上一支品牌口红或唇彩？不能及时补妆的女性，是没有灵魂的。口红以及唇彩，不仅是社交的要求，更是女性恢复自信、瞬间容光焕发的不二"神器"。

无论是唇彩还是口红，都有不持久、容易掉色的通病。很多唇彩产品会以持久不掉色作为卖点，很多顾客也会以此判断产品好坏。但就安全性而言，长时间覆盖一层彩妆对皮肤的损害很大，过度使用口红和唇彩，还有可能对女性身体健康造成危害。卖手在引导顾客购买彩妆产品时，提供正确使用方式和提醒健康保护尤为重要。

话术范例

话术范例一

🧑 **卖手：**"亲，掉色问题容易解决，注意使用方法就可以。您在使用时，涂完第一层唇彩后，用一张餐巾纸在嘴唇上轻抿一下，擦掉唇上的浮色，再涂一层，轻按，这样操作两三次，基本上可以保持一天不掉色（从使用方法上解决问题）。如果您觉得这样太麻烦，××品牌也有持久唇彩，24小时不脱色，光泽度高、使用效果好，价格稍微高一些，我拿给您对比一下吧！"（推荐同品牌高价位产品，才不会影响销售）

话术范例二

🧑 **卖手：**"亲爱的，掉色是唇彩、口红不规范使用的普遍现象。配一支润唇膏就可以彻底解决。上唇彩前先用润唇膏打底，第一，可以隔离唇彩化学伤害；第二，可以固定唇彩效果；第三，还可以补充营养，保证嘴唇光泽和避免干裂。这种水果味VC润唇膏就相当不错，价格实惠，有草莓、苹果、水蜜桃等多种口味选择，您喜欢什么味道呢？"（提供解决方法并进行关联推荐）

话术范例三

🧑 **卖手：**"美女，您感觉很到位。这款唇彩以光泽度高、营养补充为特点，自然附着时间为3小时，所以您会感觉容易掉色，不持久。其实这款唇彩的使用设计非常符合现代女性工作和生活习惯。一般情况下，都市女性每隔3小时差不多就要用餐，或用咖啡、奶茶续命了。饮食前得先将唇彩擦干净，要不然唇彩成分吃到肚子里，分量再少，日积月累都容易伤害身体。其实口红、唇彩强调持久，24小时不掉色是个概念，是错误的使用习惯。这款唇彩的优势就在这里，不管是擦拭还是补妆，都方便得不要不要的。使用安全、方便、滋润、光泽才是一支唇彩的灵魂，您觉得呢？"（从唇彩使用习惯上解决顾客问题）

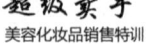

方法技巧

唇彩、口红类产品试用技巧：

1. 效果性：强调产品使用色彩效果、光泽度。
2. 安全性：强调产品安全性，无重金属添加。
3. 方便性：强调可随身携带，补妆方便。
4. 习惯性：餐前擦拭、餐后补妆是日常习惯。
5. 配套性：唇彩与润唇膏配套使用，隔离化学物质、防止干裂和补充营养。

举一反三

唇彩、口红、唇膏、唇蜜说的是同一种化妆品吗？如果不是，差别何在？

1. _____
2. _____
3. _____

研究表明，女性长期错误使用唇彩和口红，容易不孕不育。请围绕此观点设计并练习相关话术。

1. _____
2. _____
3. _____

情景39
这香水味道怪怪的，说不出的感觉

常见应对

1. 这是顶级香水，味道比较特别。
   （有嘲讽顾客不识货的感觉）
2. 这是浪漫的味道。
   （较好的回答，但顾客不一定需要浪漫）
3. 香水在瓶子里和用在身上的味道是不一样的。
   （应该在试用前告诉顾客，而不是事后弥补）

引导策略

"闻香识女人。"香水是化妆品的皇冠，又被称为液体黄金，集浪漫、神秘、冷艳、高贵于一身，几乎所有对女性的赞誉都同样可以用之于形容香水。社交中直接称赞女性美丽远不如婉转赞美其香水高雅有品位更令对方欣喜。为自己找到一款适合且又与众不同的香水成了女性的最大愿望，很多女性甚至为一款独特的香水而疯狂。

香水是最具个性的美容化妆品。每个国际顶级香水品牌背后都有一个传奇故事，吸引着不同的消费群体。卖手在引导顾客进行香水体验时，必须善用品牌故事，营造浪漫，打动对方；更要强调个性，让对方感受香氛的神秘以及独一无二，证明产品与顾客气质完美结合，在绽放顾客风华绝代的个性魅力上，舍我其谁！

话术范例

话术范例一

卖手："哇，姐姐，您这种说不出来的感觉，正是这款香水的最佳效果，神秘、奇特！这个香型是国际品牌×××的最新配方，同时传达了纯真、优雅、浪漫、性感、成熟、自由等多个女神元素。无法用语言形容正是这款香水的设计精髓，您闭上眼睛，用心感受一下（带有强烈暗示的引导），各种香氛矛盾而又和谐，诱惑而不失个性，这是一种全新嗅觉的体验，这是一款独一无二的香水，生而不凡，拒绝平庸。使用的人不同，散发的香气会不同，不同的人闻，闻到的味道也会不同。每位姐姐选择使用，都能绽放出不一样的个性，精致、有范，这是一款真正女神级的顶级香水！"

话术范例二

顾客："这款香水味道好淡，好像起不到作用。"

卖手："对，这款香水非常清爽、干净！这是一款爱情专属香水（强调香水的定位），代表了爱情最清澈无瑕的纯真本质；贴身的距离才能感受到干净、清纯、甜美，没有一丝杂质，爱得全然、纯粹！这是一款会替您说话的香水，最适合青春、清纯的小姐姐恋爱时使用。用这款香水，小姐姐您肯定能收获一份甜蜜、浪漫的爱情。"（对顾客的祝福和祝愿）

话术范例三

顾客："这款香水的味道会不会太浓，有点张扬？"

卖手："亲，这是一款约会专属香水，纯正玫瑰香型，初体验稍微有点浓，10分钟后就能持久发散浪漫。您的气质内秀、恬静，要释放热情、奔放的情感，就要给爱情加点味道。每一款香水都有属于自己的密语，这款香水的密语是浪漫，表达了为爱痴狂、无怨无悔的心语。在与男神约会时，它能毫无保留地释放您由内而外的女神魅力，长时间保持性感，为爱情加分。它的品质和内涵，都是无可挑剔的！"（用香水密语的阐

述打动对方)

方法技巧

香水体验技巧：

1. 体验香水的最佳时间在傍晚，人的嗅觉在这个时候最灵敏。

2. 体验香水的最佳位置在手腕和手肘内侧。

3. 感觉香味的最佳时间是使用10分钟后，彻底发散，才能闻到最真实的味道。

4. 顾客有汗或刚用完餐不要使用香水，体温和食物味道容易影响香水挥发。

5. 给顾客体验的香型不要超过3种，避免顾客嗅觉混乱，无从决定。

举一反三

世界顶级的奢侈品牌香水有哪些？你熟知它们的品牌故事和传说吗？

1. _____
2. _____
3. _____

不同的香水代表了不同的密语，你如何根据十二星座来描述其各自适合的香型？

1. _____
2. _____
3. _____

情景40
这精油忒贵了，一小支就要好几百元

常见应对

1. 精油是液体黄金，当然很贵了！
   （暗示顾客孤陋寡闻，顾客听了会不舒服）
2. 有便宜的，可是芳香效果会差很多！
   （混淆顾客注意力，使销售失去重点）
3. 这还是便宜的，贵的要几千元一支呢。
   （这不是在贬低顾客，而是在贬低自己的水准）

引导策略

精油是一款具有独特魅力和气质的芳香类化妆品，被誉为西方的中草药，其护肤和调养效果非比寻常，有着不逊于顶级香水的品质和价格。购买精油的顾客要么个性鲜明、品位独特，有独特社交圈层；要么对某些有着特殊疗效的精油成分情有独钟。初次接触的顾客，对精油成分、功效、价值一知半解，即使体验感不错，也会觉得价格昂贵。

对于熟悉精油的顾客，卖手无须将重点放在成分和功效解析上，在品牌故事上着力，用品牌价值塑造产品价值。对于不了解精油的"小白"顾客，卖手不必摆出一副"专家"的姿态，应用简单、直白的语言将精油成分、功效、对顾客的价值阐述清楚。顾客接受后，赞誉对方的独特品位，塑造对方的与众不同，顾客下决心的速度会快很多。

话术范例

话术范例一

卖手："亲，精油是植物精华，每滴精油都要耗费1000倍以上的等量原料，能量等级比香水更高，被誉为'液体黄金'，价格自然不菲！精油在西方自古就被称为'心灵处方'，具有非凡的心灵滋养力，是近年国内名媛放松身心、美容滋养的首选。××精油不是单纯的美容产品，而是一套综合芳香疗法，它会随赠芳香疗法书和心灵音乐，相当于您把美容会所的高级SPA搬回家，每一次使用，都能体验到与普通护肤品截然不同的身、心、灵之旅，是颜值和心灵的极致提升！"（针对对精油不熟悉的顾客）

话术范例二

卖手："姐，应该这么说，×××精油高而不贵。它是澳大利亚芳香植物精油三大权威公司之一——IAA国际香薰理疗师协会推荐的专业级精油品牌（权威推荐法）。×××在北上广深一线城市名媛圈内的知名度非常高，是商务精英女性和高端名媛净化身心、家庭深度护理的首选精油，在国内采取直营专卖，没有中间商赚差价，价格要比同档次进口品牌低15%以上……从×××开始您的精油之约，领悟优秀植物精油品质的含义，选择即非凡。"（利用女性的从众心理）

话术范例三

卖手："是啊，精油被称为'液体黄金'，保加利亚顶级的玫瑰精油，10毫升价格就上千元。这个'Pure Essential Oil'，是100%天然植物萃取，没有添加任何人工成分的纯精油标志。100%的品质，当然要靠100%的价格来保证。薰衣草被誉为'精油之后'，适用于任何肤质，对促进细胞再生、净化皮肤、改善毛孔阻塞、平衡油脂分泌、美白、改善疤痕、晒伤、红肿、滋润发丝都有极佳效果。薰衣草广受欢迎还因为它的平民价，有着高端精油中最大众化的价格，从薰衣草了解精油、爱上精油，

是最正确的打开方式。"（通过产品介绍消除顾客的疑虑）

方法技巧

高档精油判别技巧：

1. 标示：标示"Pure Essential Oil"，代表符合国际芳香疗法制造商协会严格要求，100%天然植物萃取，没有添加任何人工合成成分。

2. 装瓶：日光、灯光、高热、潮湿会破坏精油成分，必须以深色玻璃瓶保存。深蓝色和深绿色玻璃瓶为最高档精油，比深褐色及琥珀色普通玻璃瓶的保存期长6个月。

3. 油液状态：对光目视，除檀香、乳香个别精油外，所有精油液体都应清澈如水，滴在白纸上挥发后不会留下任何油渍残痕，滴在清水中会瞬间溶于水。

举一反三

精油常见的原材料和成分有哪些？分别有什么样的功用和价值？

1. _____
2. _____
3. _____

薰衣草精油为什么还被誉为精油中的"万能博士"？如何用三句话向顾客介绍薰衣草精油？

1. _____
2. _____
3. _____

5 销售拒绝应对实战情景训练

拒绝意味着顾客把成交的大门关闭了。处理拒绝就是要把这扇关上的大门再次打开。阿里巴巴打开大盗的宝藏需要咒语,卖手打开封闭的大门则需要钥匙。这把钥匙是顾客未被满足的核心需求。它被掩埋在顾客各种借口、抗拒堆砌出的砂砾废石堆下。卖手务必在最短时间清除障碍,找到钥匙,打开大门。一切取决于卖手!

情景41
我已经有一套类似的化妆品了

常见应对

1. 您用的这个品牌普普通通哦。
   （贬低顾客现有品牌，最蹩脚的做法）
2. 护肤品天天用，多买一套也没什么。
   （理由牵强，改变不了顾客的拒绝态度）
3. 嗯，那就看看其他产品吧，彩妆新款您了解一下。
   （无力应对，只能转移顾客视线）

引导策略

买衣服会撞衫，买护肤品，会撞款吗？会！因为行业太卷，产品同质化，很多化妆品品名相似、包装相似、成分相似、功能相似，顾客眼花缭乱，不知谁是李逵，谁是李鬼。衣服撞衫，女性绝不会再花多一分冤枉钱，化妆品则未必，即便名字、成分、功能都相似，但品牌、厂家、配方、工艺、价格都不同，实际使用效果会截然不同，有天壤之别。

在改变顾客撞款的拒绝态度时，卖手如果知晓对方品牌，不要刻意贬低，而是重在强调自己的核心优势。所谓"一俊遮百丑"，颜值如此，化妆品销售也是如此。如果不了解对方品牌，也不用刨根问底，简单了解一下对方品牌最大优点，认同一下顾客眼光，树立自己的差异化优势即可。只要这个优势是顾客急需的，顾客自然就会做出决定。好用的化妆品和好看的衣服一样，永远不嫌多。

话术范例

话术范例一

卖手： "亲，您用的品牌我了解，非常不错。我百分之百肯定亲对皮肤护理很重视，舍得花钱。护肤品选用原则是'没有最好，只有更好'。这款水能量套盒在补充水分和提高皮肤水润度上有更好的表现，补水能力高达71%，碾压市面上任何同款产品（强调产品的核心优势）。我不是想让亲浪费，而是建议亲升级。乳面霜这类清洁产品，使用最基础，也最频繁，和皮肤水润度休戚相关，它升级了，肤质状况自然也会升级，这是水到渠成的。"（从品质和效果上证明）

话术范例二

卖手： "美女，您说的品牌也是国内的一线品牌，我用过，清洁和补水效果都很出色。您需要的护理重点是抗衰和紧致，××是国际公认的抗衰先锋，有更科技和先进的配方，抗衰效果经过数十个国家，数以千万计女性消费群体共同的口碑见证。选用化妆品的第一原则是针对性，根据年龄、肤质和护理需求选择合适的产品，不断给皮肤活力增添新元素，才能长久保持青春。毫无疑问，××品牌更高端，与您的消费层次、年龄及护理需求更吻合，价格也只是稍微贵一点点。把这个套盒带回家，今晚您就能充分感受皮肤滋润和快速紧致的护理升级效果。姐，相信我的专业推荐哦！"（从顾客皮肤使用需求上证明）

话术范例三

卖手： "小姐姐，我明白您的意思。我请教您一个常识，从夏天到冬天，天变冷了，要不要给身体加衣服，给自己加能量？肯定要吧！皮肤护理也一样，衣服要换季，皮肤要换季，护肤品当然也要换季。夏天的衣服冬天不能穿，太薄、太冷，会冻死人；夏天的护肤品冬天当然也不能用，缺乏足够的养分和滋润，会让皮肤干裂、失去弹性。虽然都是乳水霜和精华，但您在用的产品，功能是清洁、补水和防晒，只适合夏季用；现在是秋冬季，产品功能除了清洁、补水，还要加防冻、防裂、营养，这样才能为皮肤加屏障，从夏天美到冬天，一年四季都美不够。"（从换季角度说服顾客）

方法技巧

顾客有同类化妆品的处理技巧：

1. 陈述品牌差异化优势："我不是让亲浪费，而是建议亲升级。"
2. 陈述更换的理由："衣服要换季，皮肤要换季、护肤品当然也要换季。"
3. 陈述护肤品选用原则："没有最好，只有更好。"
4. 陈述顾客价值："补充××、恢复××，××有更出色的表现。"

举一反三

春夏秋冬四季，护肤要点有何变化？具体应该如何选择合适的产品？

1. _____
2. _____
3. _____

你不了解顾客正在使用的品牌，如何进行询问和了解，并做出回应？

1. _____
2. _____
3. _____

情景42
我还年轻，用不着抗衰产品

常见应对

1. 越年轻，越是要抗衰。
   （正确，但还是说服不了顾客）
2. 保养老样子，不保养样子老。
   （完全正确，但是道理顾客已经听疲了）
3. 虽然您年纪轻，但皮肤情况很糟糕哦。
   （描述了事实，却让顾客丢掉了面子）

引导策略

年轻是一种"浪"，"我年轻，不需要抗衰"，如此拒绝的顾客通常有两类：一类是年龄小，皮肤底子好，满脸胶原蛋白，还没有感受到岁月无情的"00后"女生，她们的购买重点是彩妆、基础护理产品而非抗衰产品。另一类是年龄到了，但因为各种原因疏于护理，没养成保养习惯，肤质不佳，被看破后为了掩饰自己的尴尬，拿年轻当借口罢了。

卖手应该看到这个拒绝背后的"傲娇"和无限的成交机会。第一类顾客不需要任何抗衰"扫盲"，她们需要好皮肤被看到，并能得到正确的回应"哇，您的皮肤超棒"，这是她们的兴奋点，get 到这个点，拒绝的大门就会打开。千万不要和第二类顾客的年龄较真，没有女性会承认自己老，也没有女性会在颜值上摆烂。维护对方的面子，推荐低门槛、入门级的抗衰产品，一样很 nice。

话术范例

话术范例一

卖手:"哇!小姐姐,您的皮肤确实超赞。健康、细腻、无瑕疵,简直像美玉一样细嫩光滑,绝对可以给我们家的产品做代言了。您这满脸的胶原蛋白,真是让人羡慕妒忌恨啊。我懂的,别的小姐姐买护肤品是为了弥补皮肤的缺憾,您是选择一个能恒久帮您留住青春,时光永驻的美丽伴侣,完全不一样的。"(赞美法)

话术范例二

卖手:"美女,您的皮肤确实好得没话讲。不过千万不要误会,不是我逼您,是现在严重污染的环境,阳光、紫外线、灰尘、辐射在逼您保养哦!像熬夜、长时间刷手机、生活不规律这些习惯都会随时随地损害皮肤。天妒红颜,正因为您年轻,而且皮肤超好,才需要更细致、更妥善地抗衰保护。种一棵树,最好的时机是10年前,其次是现在。抗衰也一样,最好的时机是18岁,其次是现在。世界级的不老女神,都是从18岁最好的皮肤状态开始抗衰保养的,越年轻越抗衰,越抗衰越年轻。现在开始抗衰,是特别的美给特别的您!"

话术范例三

卖手:"哇哦,小姐姐,您的肤质好到上帝都妒忌!用车来形容,您的肤质天生是顶级的法拉利跑车,真没有几个同龄的小姐姐皮肤状态能超过您。但是,越是顶级豪车,越需要精心养护,绝不允许把法拉利当成比亚迪来保养。杨×、热×扎、章××这些女神风华绝代的背后是对自己精心的护理。答应我,您的皮肤一定要一直好下去,现在开始保养,不是抗衰,而是投资!颜值,是女人一辈子最重要的投资,没有之一。小姐姐,我来帮您挑几款纯天然配方、高性价比的好产品,呵护您的天生丽质这件事就交给我啦,我陪伴您,一直美,不会老。"

方法技巧

处理顾客不需要抗衰的技巧：

1. 点赞："哇哦，小姐姐，您的肤质好到老天都妒忌！"
2. 明确："答应我，您的皮肤要一直好下去。"
3. 强化："抗衰最好的时机是 18 岁，其次是现在。"
4. 行动："现在开始抗衰，是特别的美给特别的您。"
5. 承诺："我会陪伴您，一直美，不会老。"

举一反三

顾客说"我的皮肤好，从不用化妆品"是真实的吗？这样的女性存在吗？为什么？

1. _____
2. _____
3. _____

为什么抗衰需要从 18 岁开始做起？你自己设计的话术能打动顾客吗？

1. _____
2. _____
3. _____

情景43
这套产品上妆、卸妆太麻烦,浪费时间

常见应对

1. 没办法,这是化妆基础程序,必须要做的!
   (回答太消极)
2. 那么您觉得,麻烦和漂亮哪个更重要呢?
   (弱智的问句,把顾客当幼儿园宝宝)
3. 美女,只要早晚十分钟,就能轻松搞定!
   (10分钟可能对于顾客来说,就代表麻烦)

引导策略

　　生活太卷,以至于大家都想"躺平"。就算不能"躺平",也希望简单,不要太复杂。越来越多的年轻女性热衷轻美容、快捷护肤,停止了对复杂事物的追逐。表面上她们是追求简单,实质上是被内心的焦虑逼迫,放弃了对精致的追求。大众点评、小红书、快手、抖音,各种网红品牌和直播带货的兴起,持续输出焦虑,推动形成了年轻人碎片化的生活方式。

　　要让怕麻烦的顾客感觉不麻烦,是心灵工程。卖手不再是卖货的,首先是个倾听者,用足够的耐心倾听对方吐槽。其次,卖手是个工程师,用标准手法和熟练操作,让化妆护理流程变得优雅好看,顾客一看就会。最后,卖手是个情绪疗愈师,用"心灵按摩"让顾客的焦虑情绪得到纾解。当顾客的内心是满足和快乐的时候,她看世界的一切才会美好,不麻烦。

话术范例

话术范例一

卖手："美女,我能感觉得到您平时工作忙,生活节奏快,要省时间(直面顾客的问题)。我来给您操作一遍,看看是不是挺快的,一点都不麻烦。还有,您有什么烦恼也可以和我吐吐槽,我是个开心果,等我操作好,您的麻烦也吐完了。美女,我有一个很好的烦恼消除药方分享给您,以后遇到有什么烦恼,先静下来,给自己化个美美的妆,约姐妹逛逛街,买个包包,买支口红,买套我们家的产品,就能让自己变开心,越美丽、越幸运。如果美女觉得自己化妆太麻烦,回来找我,只要我有空,一定把您化妆得美美哒,走到街上,帅哥回头率100%。"(通过实际操作证明使用简单)

话术范例二

卖手："亲,好吧,我同意,上妆、卸妆确实有点小麻烦。不过,这是使用时的必要程序,再好的彩妆产品,长时间覆盖在脸上,都会抑制皮肤呼吸,若清理不彻底,容易造成残留和堵塞,后果挺严重的。用一点小麻烦避免大麻烦,不麻烦。这套产品,早晚10分钟轻松搞定,用几次就会习惯。我再指导您几个高效上妆、卸妆的小贴士,以后使用就方便了。亲,我们加一下微信,稍后我发几首特别好听的心灵音乐给您,化妆是女人最大的修行,以后您可以边听音乐边化妆,心情好,妆化得更漂亮,很治愈哦!"

话术范例三

卖手："亲,不接受反驳啊。上妆、卸妆是小麻烦,直接涂抹或残留清理不干净,皮肤受损,美容变毁容是大麻烦。情况严重,到医院治疗花钱花时间,更麻烦!你皮肤本来就薄,偏敏感,上妆隔离和清洁必须要彻底。不是我故意要推荐麻烦的产品,是我爱你,希望用一款好产品帮你锁水、锁营养。和其他同类产品比,这个套盒并不需要花更多时间。真要比，这套产品更高端、更适用、更省钱。亲，到哪里找这么好的产品？到哪里找对你这么好的人哦？"（对某些顾客适当皮一点，自卖自夸更容易成交）

方法技巧

解决顾客化妆品使用麻烦问题的技巧：

1. 认同："现在生活节奏快，做什么都要简单点。"
2. 排序："您觉得出色的隔离效果和多花几分钟哪个更重要呢？"
3. 植入："用一点小麻烦避免大麻烦，不麻烦。"
4. 建议："一边化妆，一边来点心灵音乐，很治愈。"
5. 价值："化妆是女人最大的修行。"

举一反三

顾客为什么会觉得上妆、卸妆很麻烦？她们真是觉得麻烦吗？为什么？

1. _____
2. _____
3. _____

门店有什么产品需要特殊的使用方法，会让顾客觉得很麻烦？你该如何解决？

1. _____
2. _____
3. _____

情景44
我对国产品牌没兴趣，档次低效果差

常见应对

1. 很多进口品牌其实也一般般。
   （即使是事实，也容易与顾客引发争辩）
2. 中国人应该支持中国品牌！
   （打爱国牌，但顾客不按套路出牌）
3. 那您喜欢欧美品牌还是日韩品牌？我给您换。
   （顺从了顾客，同时失去了与顾客平等对话的地位）

引导策略

经济飞速发展，中国女性对美容化妆品的需求呈井喷式爆发。中国已成为世界时尚消费中心，中国元素也成为世界主流，很多新国潮美妆品牌的品质已不逊色于国际品牌，但依然有不少所谓"精英"女性甘愿做进口奢侈品的"舔狗"。这类极少数崇洋媚外的顾客，可以直接放弃。大多数顾客其实是在"装"，炫耀自己，凡尔赛而已，这类顾客是可以挽救一二的。

解铃还须系铃人。顾客要的是面子，卖手就给她们面子。顾客有面子，卖手就有"银子"。具体做法分三步走：第一步，为顾客消费层次点赞，让顾客有面子；第二步，摆事实，国产品牌更符合中国女性使用习惯；第三步，证明自家品牌受欢迎指数很高，使用不掉分。如果还不奏效，拉一下客情，抬一下轿子，直接请对方关照也会有效果，这类顾客在乎的是面子，不差钱。

话术范例

话术范例一

卖手："亲，化妆品有两个用途，一个为面子，一个为里子。进口品牌价格高，使用有面子，买它是'买面子'。国产品牌专为中国女性肌肤设计，适应程度高，价格实惠，效果好，性价比高，用它是'用里子'。女人这张脸，面子里子都要有，面面俱到就对了。选我们家品牌就一个目的，安全、快捷、高效修复您的敏感肌，这是'用里子'，只选对的，不选贵的，没毛病！"

话术范例二

卖手："姐，您太牛了！别的姐姐有几件国际奢侈化妆品，是压包的顶配，您是标配和低配，颜值与实力并存，妥妥的女神范！我给偶像姐姐您做个对比，国际奢侈品牌相当于迪拜超星级酒店的豪华盛宴，国产品牌是居家的家常便饭。海参、鲍鱼、帝王蟹再好，天天吃也会营养过剩，吃出问题。维护身体健康需要荤素搭配，营养均衡，粗茶淡饭、清粥小菜养胃更养生。皮肤护理也一样，需要精致和简单搭配，既要用好，还要用对。这款套盒是日常家居护理，清洁补水，为您皮肤建立修复屏障，和您使用的国际品牌比，不冲突，更科学，搭配使用，会有意想不到的惊喜哦！"

话术范例三

卖手："亲，您颜值出众，眼光高，我推荐的品牌，肯定经得起您挑。东西方的生活习惯、皮肤差别很大。西方人早餐习惯牛奶、面包，中国人习惯豆浆、油条。西方白领用咖啡续命，中国用奶茶续命。西方人肤白、毛孔粗、体味大，化妆品重清洁、去味、香型浓烈。东方人肤黄、肤质细腻、含水量高、有弹性，化妆品重滋润、营养，偏自然植物香型。从使用角度讲，当然国产品牌更适合中国人肌肤。×××品牌，百年国药传承，传统中药草本类化妆品的领军品牌，10年前就进军海外市场，进驻欧美知名化妆品连锁店销售，一样深受外国人追捧。说到底，护理效果好，用啥品牌都有面子，护理效果不到位，用啥品牌都没面子。×××非比寻常的抗敏、抗衰、修复效果，您选择使用，不丢面子（品牌价值），更有里子（使用效果）。"

方法技巧

消除顾客国产化妆品低档歧视的技巧：
1. 买化妆品，一个为面子，一个为里子。
2. 国产品牌和中国女性更贴心。
3. 只选对的，不选贵的。
4. 不丢面子，更有里子。

举一反三

你用过哪些进口化妆品品牌？和国产品牌最大的区别是什么？
1. _____
2. _____
3. _____

国内一线的化妆品品牌有哪些？它们各自有什么样的优势和消费群体？
1. _____
2. _____
3. _____

情景45
进口品牌，又贵又不适合中国人的皮肤

常见应对

1. 我们品牌一点都不贵。
   （自己先弱了气势，而且不贵并不代表便宜）
2. 你说的是欧美品牌吧，日韩品牌不存在这个问题！
   （做了区分，但一样会有不喜欢日韩品牌的顾客）
3. 这是××品牌针对东方人皮肤做的改良配方。
   （顾客问题已经解决了一半，还要继续）

引导策略

这类拒绝，是不是典型的"吃不到葡萄说葡萄酸"呢？是，也不完全是。是！的确会有部分囊中羞涩的顾客会如此说，借此摆脱她们买不起的尴尬。不是！也有部分顾客是因为购买或使用进口品牌曾经有过不好的体验，从而产生排斥感。如果是年龄偏大的中老年妇女，则是因为习惯了使用国产品牌抗拒改变而已。

第一种顾客，卖手要照顾对方的面子。第二种顾客，了解顾客经验，抓根源，找解药。第三种顾客，则告知事实，大多进口品牌放下身段，专为中国市场推出了适应东方女性皮肤的改良配方。事实上，任何女性都有追求更高生活品质、为颜值加分的需求。不管是进口还是国产，只要品质好、性价比高、肌肤适用，又有什么理由拒绝呢？

话术范例

话术范例一

👩 卖手："亲，我明白您的意思。其实您并不是绝对排斥进口品牌，只是担心进口品牌不适合中国女性的皮肤，怕使用效果不好，这钱就花冤枉了，对吗？如果解决了您的担心，姐一样能接受进口品牌吧！"（将顾客的拒绝进行合理的转化）

话术范例二

👩 卖手："姐，您放心，虽然××是进口品牌，但在国内销售多年，对国人消费习惯和消费需求很了解。这是针对东方女性肤质推出的改良配方，充分考虑了亚洲女性的皮肤结构，性质温和，价格也很亲民，还有人性化的设计。我推荐的这款面膜，随产品配化妆棉，很方便、很暖心的设计。我自己也使用这款面膜，感觉非常好，值得拥有！即使您之前用惯国产品牌，现在更换，也不用担忧过敏、不适合。姐，为肌肤增加国际新元素，体验一下高端品牌带给您优质的护理效果、体贴的人性化服务，品牌升级，效果升级，真的很不错！"（适用于年龄大、观念陈旧的顾客）

话术范例三

👩 卖手："小姐姐，都说'世界那么大，我想去看看'。去外面的世界要签证、要时间，还要花多多的钱。去欧美干吗？还不是去买LV包包、迪奥口红、香奈儿香水。这就是顶级奢侈品的魅力！现在不用出国，不浪费时间，不浪费机票，不管欧美还是日韩知名品牌都近在眼前，不管是畅销30年的经典款还是今年最新限量款都能立刻拥有，没有现货也能预定，价格比海外购便宜，还有品牌保证，假一罚十。拥有×××品牌，为颜值加分，可是众多小姐姐梦寐以求的，即使是一支小小的口红，也能感受到顶级奢侈品牌的颜值魅力。小姐姐，虽然无法拥有全世界，但我们可以拥有全世界的美。颜值拯救世界！世界级的美丽，就从×××口红开始。"（适用于初次购买进口化妆品的顾客）

方法技巧

处理顾客进口品牌不适合中国人问题的技巧:

1. ××品牌,针对东方女性皮肤改良了配方。
2. 拥有××品牌,是很多女孩子的梦想。
3. 无法拥有全世界,可以享受全世界的美!
4. 拥有世界级的美丽,就从××品牌开始。
5. 颜值拯救世界!

举一反三

进口化妆品在国内要经过哪些手续才能合法销售?你了解有关规定和程序吗?

1. _____
2. _____
3. _____

如何说服一位"00后"的小姐姐购买人生第一支顶级奢侈品牌的口红?

1. _____
2. _____
3. _____

情景46
我现在用的品牌很好，没有必要换品牌

常见应对

1. 您误会了，我没勉强您换品牌的意思。
   （虽然缓解了尴尬，但后面的推销行动难以为继）
3. 我们品牌真的不错，值得一试。
   （试一试，不是顾客非买不可的理由）
3. ××品牌虽然不错，但价格上不如我们实惠！
   （提出了差异化优势，关键看对方对价格的敏感度）

引导策略

这类拒绝，是顾客品牌忠诚度高，还是新品牌诱惑值不够，导致购买动力不足？一位男性，即便新买了一辆车不久，愿不愿意升级为一辆品牌更高端、配置更高档的豪车？当然愿意。为什么不换，实力不允许。而女性升级化妆品，并不存在实力不允许的障碍。为什么不换？很简单，新品牌呈现的价值感不够，达不到让她更换的兴奋度、迫切性和冲动性。

不贬低顾客正在使用的品牌，它代表了顾客为维护颜值所愿意付出的最大代价。贬低就是在打脸顾客。卖手要升级顾客的品牌，得向算命先生学习，善用动之以情、胁之以灾、诱之以利这三招。算命先生的答案靠不靠谱老天爷都不知道，而卖手提供给顾客的每一个升级建议，都必须专业、靠谱、为爱出发，经得起时间的验证。

话术范例

话术范例一

卖手："美女,您用的是国内一线品牌,效果出众,配得上您。我不是要您浪费,而是给您一个专业建议,就像人的身体,荤素搭配,营养均衡,健康才更有保障。皮肤护理也一样,居家保养,选择2~3个可靠品牌搭配使用,更科学,效果更佳。××品牌同样是国内一线品牌的佼佼者,水准绝不逊色。关键这套产品组合,是在您目前使用产品重清洁、重美白的基础之上,对滋润、抗衰功效的升级。两套产品叠加使用,效果加倍,颜值加分,皮肤改善的速度会给您惊喜的。"

话术范例二

卖手:"姐姐,您说的品牌我清楚,欧美一线品牌,您在用的家居清洁补水系列,性质非常温和,感觉好,您继续用。我们是国产小众品牌,定位不一样,重在功效护理,您脸上的痘印痘痕,我很确定,使用我们的套盒,一周就有明显淡化和修复,效果惊人。这两套产品一起使用,基础护理和问题修复同步进行,不冲突,各管各事,都发挥作用了,姐姐您面部肤质的整体质感、润泽度都能上个档次。到您的姐妹说您变美、变年轻的时候,不用谢我哦。"

话术范例三

卖手:"亲,像你这样人又好看、又会说话的大美女,选择的品牌自然出众。我推荐的品牌肯定会让你更有面子。从品牌上说,××是国际品牌,知名度和影响力毋庸置疑,绝对能让你在信心上高人一等。从效果上说,这个系列有最新科技配方做依托,添加高效活性因子,在基础清洁、充分补水、润泽上都更胜一筹。从价格上说,虽然贵了300多元,但套盒多了一瓶精华和一瓶眼霜,性价比好得一塌糊涂。我举个例子,在现实恋爱中,有了男朋友,肯定不能再多一个,但在颜值恋爱这件事上,不管你已经有多少套产品,肯定不介意再多一个更高贵、更懂你、爱你、呵护你的颜值伴侣来宠你吧？"

方法技巧

说服顾客更换品牌的技巧：

1. 安全感："没问题，您在用的品牌也很不错，继续用。"
2. 搭配法："××和××，才是完整的家庭全系护理。"
3. 双效法："我们××和××搭配，效果加倍，颜值加倍。"
4. 价值法："你肯定不介意多一个懂你、爱你、呵护你的颜值伴侣来宠你吧？"

举一反三

顾客不愿意更换产品或品牌，最核心的理由是什么？你如何化解？

1. _____
2. _____
3. _____

如果你推荐的产品和顾客现用的产品在品类、功能上确有重叠，你如何处理？

1. _____
2. _____
3. _____

情景47
你们都是广告打出来的，我不想做大冤种

常见应对

1. 不会啊，有实力的品牌才打广告。
   （直接反驳，会让顾客不高兴）
2. 美女，要是不打广告，你就不知道我们品牌了。
   （这也是反驳，局面会直接搞僵）
3. 姐，广告越响，用起来就更有面子。
   （效果不大，对方并不是冲动型顾客）

引导策略

酒香也怕巷子深。广告是品牌快速打开市场、获取顾客的最佳营销策略。新品牌和新产品，大量的广告投入能够迅速改变无人知晓的局面。同时，大量的广告投入也势必导致产品价格上扬。此外，既然是广告，也必然存在夸大宣传的问题，会让达不到期望的顾客失望甚至投诉。广告的副作用是制造了顾客的内心冲突，既希望购买知名度高的品牌，又不希望交智商税，成为大冤种。

向顾客解释广告的重要性，以及没有过度宣传纯属吃力不讨好。恰到好处地说明广告代表品牌影响力即可。向顾客证明产品的品质和功效才是核心，功夫在事外，提前做好功课，用大量的顾客案例证明自己不但广告打得好，使用效果更好。最后用承诺让顾客放心，并顺势邀请顾客加入口碑使用见证的大军中。

话术范例

话术范例一

🧑 卖手："美女，这话没毛病。广告能让顾客来，品质才能让顾客留，正所谓金杯银杯不如顾客的口碑。您请放心，××品牌上市20年，国内一线化妆品品牌，用起来不掉份。好事不出门，坏事传千里。广告打得响，知道的人多，受到的监督就大。朝阳区群众的眼睛是雪亮的，而且现在网络发达，再牛的品牌只要出现质量问题，网络上一扩散，就会凉凉。广告不代表所有，但起码代表了企业实力和品牌信誉，对比起来，产品没广告才更让人不放心。说到底，品牌大众化，品质高端化，服务人性化，价格平民化，才是我们的特色。××品牌，值得信赖。"

话术范例二

🧑 卖手："小姐姐，我懂的，您不会为广告买单，但愿意为出色的品质和功效买单，对吗？我可以明确向您保证，这款祛斑霜被誉为祛斑首选，知名度高并不仅仅是因为广告，而是疗效震惊市场，祛斑快、安全性高、不反弹，被列为皮肤科医生推荐产品。这是权威医学杂志×××对这款祛斑霜实验对比和疗效的介绍，这绝对不是广告。购买这款祛斑霜，肯定不是交智商税！"（用权威资料来消除顾客顾虑）

话术范例三

🧑 卖手："亲，我完全同意，选化妆品'不看广告，看疗效'。广告让我们今天遇见，能不能让亲爱上我们，就得看产品的疗效，看我们的服务。这里有顾客案例手册，您看这些顾客使用前后的皮肤对比是不是非常明显？还有这个是会员社群，我给您翻一下，这些都是会员自己发出的使用对比截图，您看这位、这位，还有这位，皮肤情况有的和您相似，有的还比您严重，都有明显的修复和改善吧。您放一百个心，我们广告打得好，效果比广告更好。给我们一份信任，我相信亲很快会加入为我们效果打卡、点赞的大军中。"

方法技巧

处理顾客排斥广告问题的技巧：

1. 广告让您来，产品品质才能让您留。
2. 没有广告的品牌才更不让人放心。
3. 我们广告打得好，产品效果比广告更好。
4. 我相信亲很快会加入为效果打卡、点赞的大军。

举一反三

广告对化妆品品牌的宣传和推广重要吗？为什么？请举实例说明。

1. _____
2. _____
3. _____

门店中有广告投放和没有广告投放的品牌占比如何？做一个详细的销售对比分析。

1. _____
2. _____
3. _____

情景48
你们说无效退款，都是忽悠人的

🔄 常见应对

1. 如果您不相信，可以不买！
   （等于直接向顾客投降了）
2. 当然是真的，这些就是退货单。
   （很傻很天真，顾客信了，也不会买了）
3. 这是厂家的承诺，您还有什么不放心的?!
   （万一出问题，难道找厂家吗）

🧭 引导策略

为了刺激销售，某些功效化妆品会做出"无效退款"的承诺，并以此作为销售卖点。顾客对退款承诺提出怀疑时，别担心，透过现象看本质，这代表顾客已经信了，表面的拒绝只不过是掩盖内心最后的倔强罢了。顾客拒绝的语言越激烈，代表其抗拒的意志越动摇。忽略顾客表面的抗争，直接给出使用有效最硬核的实锤证据，顾客会放下所有的抗拒。

重点来了，这个实锤证据怎么给？当然不能是顾客办理退款的凭证，顾客信了我们的退款，就会怀疑产品的效果，失去购买欲望。卖手能给出的证据，一是程序证明，向顾客说明退款程序或签署《无效退款协议书》；二是效果证明，用大量顾客使用后好转的证据，证明产品靠谱。有这两个证据，顾客就会轻松入坑。

话术范例

话术范例一

卖手："小姐姐,请放心,我们绝不忽悠。这是《无效退款协议书》,上面有产品使用细则,只要您按要求每天早晚使用,一个疗程必然见效。使用一个疗程没有效果或效果不满意您都可以申请退款。什么情况下可以退,怎么退,能退多少,这里都说得清清楚楚、明明白白,不会踩坑。这个退款协议还盖有我们的店章,加上门店的保险承诺,万一发生需要退款的情况,不用找厂家,我们门店先退。再给小姐姐您一个定心丸,这款产品在我们店已经卖了半年,到目前为止还没有一位回来退款的,您肯定也不会成为第一位的。"

话术范例二

卖手："姐,'没有三分三,不敢上梁山',敢做承诺的祛斑产品不多。如果您担心质量,大可放心,您拆开产品,里面有一份保单,是××保险公司对产品做的百万质量承保,质量问题有保险公司买单。如果您担心效果,每套产品售出,都签署《无效退款协议书》,各种退款情况和退款程序规定得清清楚楚,不会踩坑。无效退款是品牌厂家的承诺。我们是10年老店,为引进这个品牌,我们交了一笔不菲的保证金,如果出现退款情况,若我们店不退,可以直接向厂家投诉和申请退款。这款产品的效果,是用保险公司、品牌厂家还有门店共同信誉保证的,您完全可以放心。"

话术范例三

卖手："亲爱的,××减肥胶囊敢承诺无效退款,真心是实力保证。讲科学,它含有独特速效消脂碱,进入人体后可使脂肪分解燃烧速度提高18.6倍,减少80%以上的葡萄糖转换为脂肪。讲效果,使用2个月,85%的对象能达到理想体重,保持18个月不反弹,减肥效果好,还能补充人体维生素和矿物质,均衡人体营养,提高人体抵抗力,令皮肤光滑、红润和富有弹性，减肥美容非常1+1。讲证据，这是×医院、××医院等三甲医院的临床验证报告，这些是全国各地顾客的效果案例，最硬核的，这是我们店顾客的效果打卡……很多刚开始怀疑的小姐姐，最后都成了铁粉，主动介绍姐妹购买。最后，讲保证，签署《无效退款协议书》。您放心买，放心用，下次再来，您肯定是来复购而不是来退款的。"

方法技巧

消除顾客对产品承诺不信任的技巧：

1. 程序证据：售后服务凭证、《无效退款协议书》等。
2. 效果证据：质检报告、成分表、权威分析检测报告。
3. 案例证据：顾客使用案例，门店会员社群打卡案例。

举一反三

门店有承诺无效退款的产品在售吗？无效退款对销售有实际促进作用吗？

1. _____
2. _____
3. _____

如果顾客以无效为由，强烈要求门店退款，你该如何应对与处理？

1. _____
2. _____
3. _____

情景49
我以前用过你们的产品，效果不怎么样

常见应对

1. 不会吧，我们产品的效果一向是最好的。
   （质疑顾客，否定顾客的说法）
2. 是在我们店买的吗？我没办法辨别您说的真假。
   （明显的借口，让顾客发飙）
3. 我不知道，我刚来没多久。
   （推卸责任，顾客会更坚定拒绝）

引导策略

这个拒绝杀伤力强大，能力不强的卖手可能会被炸蒙圈，要么唯唯诺诺、无言以对，要么顾左右而言他、推卸责任。事实上，顾客并非要兴师问罪，时过境迁，顾客未必记得清所有细节，不过是有些残留的记忆，她们开口拒绝，就是想看看卖手的态度和反应。卖手能否争取到"重新开始"的机会，就看其回应与处理是否令顾客感到尊重和满意了。

处理这类拒绝，态度要比技巧重要得多。不用慌，也不用紧张，坦然面对，问问顾客具体情况，如果对方能把过去的负面经验一五一十说清楚，先感谢顾客的体谅，告诉对方今非昔比，对当下的产品效果做出明确承诺。如果顾客不往下说或含糊其词，则不必较真，一笑置之，用积极的态度、明确的效果承诺，证明产品，证明自己，更显大气。

话术范例

话术范例一

卖手："姐，护肤品使用效果的确会因人而异。您反馈的情况很重要，这是《顾客使用意见反馈表》，您说一下具体购买的产品名称、购买时间、使用方式，还有产品哪些方面达不到您的要求，请您详细描述。根据您反馈的情况，我能为您分析解决的，我马上解决；我不能解决的，我将情况书面向总部汇报，请总部第一时间回应解决。您的意见非常宝贵，能够帮助我们品牌改善不足，提升品质，您慢慢说，我认真记……"

话术范例二

卖手："美女，谢谢您的建议，我们店营业多年，这款产品也卖了挺久，口碑一直很好，它以安全、快捷、高效著称，非常热销。您说得没啥效果，我也是第一次遇到，您可以说说具体情况吗？我们一起分析原因，找到问题所在，我想办法解决，帮您把这根'刺'拔掉。无论如何，我保证不让之前的不愉快影响您今天的心情，我会以120分的用心和我的专业，为今天的产品效果负责，如果今天产品不能百分之百帮助到您，我绝不向您推荐。"

话术范例三

卖手："姐，您能说说具体情况吗？"

顾客："哦，已经很久了，不是什么大问题，就是用你们家的润肤乳有点过敏，停了几天就好了。"

卖手："明白了，姐，谢谢您的反馈，也谢谢您的包容。虽然这是很久之前的事，您不计较了（给顾客一个台阶），但还是提醒了我们工作要认真，产品推荐要准确，服务要细致，保证顾客百分之百满意。接下来我会特别注意，防止这种情况再发生。请姐在未来的日子，继续对我们有信心，继续支持，谢谢您！对了，姐，您现在使用化妆品容易过敏的情况还在吗？我可以特别推荐几款抗敏修复的王牌产品，帮姐彻底修复和杜绝

过敏问题……"（帮顾客彻底解决问题的态度）

方法技巧

解决顾客因产品效果不佳而拒绝问题的技巧：

1. 面对："您说的问题很重要，我想详细了解一下。"
2. 表态："我会帮您找到原因，一起帮您解决的。"
3. 消除："我保证不让过去的不愉快，影响您今天的快乐和美丽。"
4. 感谢："谢谢对我们的信任，感谢您继续支持我们。"

举一反三

护肤品使用效果不佳通常是什么原因造成的？哪些原因可以提前预防或杜绝？

1. _____
2. _____
3. _____

门店有《顾客使用意见反馈表》吗？使用效果如何？有何可改进之处？

1. _____
2. _____
3. _____

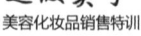

情景50
你们卖货的当然会说效果好,可我不相信

常见应对

1. 怎么会,用了都说好。
   (过于轻飘、无力,不够真诚)
2. 我已经保证效果啦,您还不信,我也没办法。
   (无能为力,销售中断)
3. 这么好的产品您都不相信,到哪里去找更好的?
   (激将法,但激将有可能变成激怒)

引导策略

顾客购买,一是信任,基于对门店、品牌以及卖手的信任;二是期待,期待产品有效果,给颜值加分。如果卖手在沟通过程中,王婆卖瓜,对效果过于夸大,就有可能把刚建立的信任破坏掉。所谓欲速则不达,在沟通过程中,信任度始终要大于效果期望值。原因在于,卖手值不值得信任是顾客当下能清晰感受到的,而产品有没有效果则需要时间来验证。

因此,卖手务必在被信任的前提下真实描述功效。当顾客提出信任度质疑时,卖手应迅速自检一下,自身言行是否有不当之处。如有,可以不动声色地将话题转移;如无,举证顾客使用满意的例子。如果顾客抗拒强烈,情绪有点大,可以主动询问顾客是否有负面经验,虽然不是卖手的锅,暂时给对方当个出气筒也未尝不可,顾客消气后,就可以继续了。

话术范例

话术范例一

卖手："美女，都说'儿子是自己的好'，我是××的员工，当然要说××的好了。是我太着急证明，像唐长老一样，话说多了，让您烦，我向您道歉。接下我会直接回应，不夸张，不误导。您问什么，我回答什么。美女，您对这款产品哪方面效果不太肯定，我重点介绍。"（只要顾客开口，问题就解决了）

话术范例二

卖手："亲，俗话说'王婆卖瓜，自卖自夸'。我当然要说自家产品的好。把产品成分、特点、功效向您介绍到位是我的工作，这是必须的。如果我说太多影响亲的判断，我马上停，您自己感受、自己判断。您摸一摸脸，丝滑不？用指尖弹一弹，Q弹不？这里有镜子，您看看，光泽度和水润度怎么样？刚刚体验前我给亲拍了一张照，我现在再拍一张，这两张护理前后照片对比一下，一次使用的效果是不是肉眼可见？亲，我错了，我就该少说话，让产品自己说话。您听一听，它是不是在说，'美女，把我带回家，让我们一起变美、变女神吧'？亲，您听见了吧，如果没有听清楚，我可以再说一遍的。"（以幽默好玩的方式促成顾客购买）

话术范例三

卖手："姐，您是过去踩过坑吗？您可以吐槽的，我肯定站您这边！我顺便向姐取取经，怎样才能做得更好，让每位顾客，特别是像姐这样的好客人，在我们店没有后顾之忧，放心买，放心用，把我们店当成自己的美丽加油站。姐，我们店有'如实介绍，严禁虚假宣传'的严格要求，您有任何能提升门店水准和服务的要求，您都可以提，我会全力去做，让姐满意。任何能让姐改善、提升肤质的办法我也会毫无保留地分享给姐。您把信任给我，我把最好的产品、服务、效果回报给姐。为姐服务，是我的荣幸，也是我们店的荣幸！"（用情感打动顾客）

方法技巧

处理顾客不相信的技巧：

1. 姐，您是在其他地方踩过坑吗？
2. 姐，我们店有"如实介绍，严禁虚假宣传"的严格要求。
3. 姐，我错了，我应该让产品自己说话。
4. 为姐服务，是我的荣幸，也是我们店的荣幸。

举一反三

如何让顾客相信你的介绍没有夸大其词，让顾客相信产品的功效？

1. _____
2. _____
3. _____

你自己买过或用过门店的哪些产品？效果怎么样？晒圈了吗？

1. _____
2. _____
3. _____

6

销售异议处理实战情景训练

拒绝是销售路上的坑，异议是拦路的虎。无论卖手如何出色，也无法完全杜绝异议的产生。面对顾客的异议，卖手不必畏蜀如虎，也不必如打虎英雄，非得与对方一决生死。绝大多数的异议仅仅是出自顾客的习惯和本能。每个行为的背后都有其动机。卖手真正需要回应的是提出问题的人，而不是问题本身。

情景51
你们的化妆品太贵了

常见应对

1. 姐，便宜没好货，好货不便宜。
   （说了几百年了，顾客耳朵听出老茧了）
2. 真抱歉，我们品牌就是这个价！
   （对顾客异议的无能为力，等于放弃）
3. 国际品牌当然贵，拼××上便宜，你敢买吗？
   （抢白顾客，顾客尴尬加生气）

引导策略

不用怀疑，"太贵了"是顾客的条件反射，是顾客的本能，是不经大脑脱口而出的。这是普遍现象，在顾客试用满意、卖手提出买单要求时，她们会不假思索地抛出价格太贵的异议。成熟的卖手瞬间可以判断，顾客想要购买的欲望已经控制不住了，这不过是对方最后的抵抗罢了。顾客想要的，无非是争取最后一个杀价的筹码。

认真就输了。向顾客解释产品不贵是愚蠢的，会让对方重新获得心理优势。在方法上，可以用对比法、分摊法消解顾客贵的执念。不过，这些具体的方法，统统不如向顾客澄清一件事，即不是产品贵，而是顾客的面子贵、颜值贵。产品价值和顾客价值双管齐下，让顾客感受到物超所值，这才是卖手"隔山打牛"的最高境界。

话术范例

话术范例一

卖手："亲,您说得太对了,不够高贵的产品,怎么配得上您出众的颜值呢?自古'宝剑赠英雄,红粉配佳人'。以您的层次和品位,就得××这个档次的国际品牌才配得起。讲真的,低档次的品牌,送给您,您都不能用。我帮您包好,您是现金还是刷卡呢?"

话术范例二

卖手："哈,美女,讲真,化妆品贵不贵,不看牌子,也不看花多少钱,就看效果。如果对皮肤改善毫无帮助,哪怕是顶级大牌也是垃圾,一块钱都嫌贵。如果确实能帮助皮肤恢复滋润、恢复弹性、恢复年轻态,啥品牌都行,多贵都值!这瓶精华乳298元,至少使用60~80次,每次不过一支香水的钱,每周用2~3次,可以用半年。美女,您到美容院做个基础护理再加精华抗衰,效果大差不差的,一次也要大两三百,选这瓶精华乳,等于您只花一次美容的费用,赚了79次的免费,哪个更划算?说到底,什么贵都不如这张脸贵。貌美如花,就有钱花,随便花,尽管花,您说呢?"(用对比法和拆分法,化解价格压力)

话术范例三

卖手："嘿嘿,姐,这不是我们家产品贵,是您的面子贵,健康皮肤贵,无瑕的容颜贵。您的容颜是独一无二的,××品牌对您的颜值呵护也是独一无二的。'贵'代表了品质可靠、植物纯天然萃取的纯粹和出众使用效果。您在选购的时候,贵是小小的缺点;等您使用的时候,贵就是大大的优点了。'贵'代表了身份和层次,越贵越有面子,越贵效果越好,小姐妹就会越羡慕。'贵'还代表了品牌全方位的贴心服务,我再向店长额外申请一支同品牌的××香水给您,淡雅香型,绽放您优雅如兰的气质,这是品牌VIP顾客的专属礼品,价值不菲哦!"(恭维顾客的同时,采用利益促成法促成顾客购买)

方法技巧

处理顾客价格异议的技巧：

1. 为品牌背书："是的，××的产品高而不贵。"
2. 戴一顶帽子："不是高贵产品，怎么配得上颜值出众的您。"
3. 送一朵花："您是我们的贵人，我额外为您申请一份 VIP 礼品。"

举一反三

顾客刚进店说产品贵和成交前说产品贵在心理上有何差别？你的处理策略一样吗？

1. _____
2. _____
3. _____

贵到底是化妆品的缺点还是优点？你是如何理解的？

1. _____
2. _____
3. _____

情景52
同款化妆品，你们价格最高

常见应对

1. 那当然，别的品牌哪有我们高档！
   （真正高档的品牌，不需要这样自我标榜）
2. 品牌档次不如我们，价格当然便宜了。
   （直接贬低其他品牌，欠缺职业水准）
3. 这话不对，我们档次高，其他品牌至少比我们低一个档次。
   （态度过于嚣张，没有顾客会接受）

引导策略

顾客提出这类异议时，会说得板上钉钉，煞有其事。但是千万别当真，如果卖手很傻很天真地去刨根问底，什么有营养的内容也得不到，只会让顾客下不来台，全场尴尬。这类异议的本质依然是顾客用来讨价还价的幌子。就顾客心理而言，就算已经决定下手了，张张嘴，再争取点优惠或福利，不管有没有，怎么都不会亏。

在超级卖手的眼里，同款产品中价格最高绝对是值得大书特书的强优势。一分价钱一分货的道理大家都懂，只是顾客会选择性遗忘。了解竞品是应该的，但不必画蛇添足，刨根问底到底贵了多少。只需要引导顾客认清事实，"不怕货比货，就怕不识货"。除了价格，还要比产品功效，比品牌价值、比门店服务价值，塑造物超所值形象，证明贵得有理由。

话术范例

话术范例一

卖手："太好了，姐，既然您了解市场，肯定清楚××品牌的含金量，我更有信心向您推荐了。我们的产品的确是同款产品中最贵的，这不是缺点，而是最大的亮点！现在行业卷，市场透明，手机一搜，什么产品、价格都查得到，哪个产品是天花板，一清二楚！如果光有价格，没有品质、没有效果、没有服务、没有口碑，是作死，一天都活不下去。'不怕货比货，就怕不识货'，讲真，××品牌，价格是天花板，效果也是天花板，贵得有理由，好用得没道理！"

话术范例二

卖手："亲，您说得太对了，现在同款产品这么多，必须慧眼识真，避免踩坑。同款产品怎么比？比品牌、比成分、比品质、比效果、比口碑、比价格。如果品牌、成分、品质、效果、口碑都OK，那么价格就绝对不是问题。化妆品真是'一分价钱一分货'，什么价格决定什么档次，不骗人。产品价格高，是因为它创造的价值更高！这款产品除了使用效果胜人一筹外，售后服务也是吊打同行的。一对一为顾客建立个人皮肤管理档案，定期请美容专家举办沙龙，提供个人护理定制方案，还有会员联谊和专享特惠，选择××，就等于拥有了一位私人专属的颜值护理专家。拥有××，您会成为闺密中最美的女一号，成为××的粉丝，我们负责一辈子宠您。"

话术范例三

卖手："是的，亲，我承认了，××品牌唯一的缺点就是贵！源自英国皇室专用品牌，历史悠久，低调与奢华并存，生来不凡。每一款产品从内在成分到外观包装，都是精雕细琢，堪称经典。每一款产品推出市场就会形成热潮，不仅被消费者追捧，也被其他品牌竞相模仿。'一直被模仿，从未被超越'说的就是我们品牌。选化妆品，品牌是品位证明、自信的源泉。××品牌无与伦比的高雅魅力绝对是其他品牌所无法比拟的。您的个人气质与品牌气质自然契合，宛如天成，完美、无价！"

方法技巧

处理顾客与其他品牌进行价格对比的技巧：

1. 事实："是的，我们就是价格的天花板。"
2. 核心："一直被模仿，从未被超越。"
3. 价值："您的气质与品牌自然契合、宛如天成。"
4. 促成购买："我们唯一的缺点就是贵，选择××，我们一辈子宠您。"

举一反三

"你们的产品价格最高"是真实异议还是虚假异议？你的理由是什么？

1. _____
2. _____
3. _____

门店所售产品中，哪些品牌在同款产品 PK 中有价格优势？你该如何放大优势？

1. _____
2. _____
3. _____

情景53
我一次买了这么多，为什么不可以打折

常见应对

1. 很抱歉，我们规定不可以打折。
   （直接拒绝顾客，会让顾客没面子）
2. 几百块不多，前面顾客消费了两千多都没打折。
   （即使是事实，也会得罪眼前的顾客）
3. 好吧，我给您打个9折！
   （轻易让步，顾客可能会进一步讨价还价）

引导策略

没有人喜欢买便宜货，但所有人都喜欢占便宜。讨价还价是所有女性购物时自带的属性，是她们最为享受的购物乐趣之一。就算卖手反复强调品牌专卖，绝不二价，她们也会置若罔闻。对于她们而言，能砍下多少价并不重要，但是杀价过程中能够尽情释放情绪，哪怕额外争取的利益微乎其微，这种瞬间的满足感甚至会大于产品本身的价值。

不讲价是道理，给优惠是人情。让对方有面子是解决额外折扣要求的法门。具体处理上注重细节，卖手即便有权限打折，也要与顾客过个两三招，不让对方轻易得逞。争取过程越激烈，感受度越强，分泌的多巴胺越多，顾客就越爽。人情大于规矩，即便一分折扣都不能给，卖手也可以用赠品或特殊申请的方式满足顾客面子，顾客有面子，门店就有银子。

话术范例

话术范例一

🧑 **卖手**："谢谢姐的信任。您买得多,说明了品牌的可靠性。要帮您皮肤变好变美,容易,要打折,很难。××是国际品牌,规定严格,除了新品上市和周年特惠,绝不打折。打折这方面真是没有办法让姐满意,您多多理解!虽然我没有权力打折,但我承诺一定用专业的服务,让姐在颜值这件事上没有任何后顾之忧。我会记下姐的电话,品牌有特惠活动时第一时间邀请,让姐不会错过任何一次福利抢购活动。另外,我再给姐送上一个美丽的祝福,祝姐有××,更美丽,人见人爱,花见花开。"(适用于规定严格的大店及高端品牌)

话术范例二

🧑 **卖手**："小姐姐,其实我个人挺想满足您的打折要求,这样您开心,我也有业绩。可是臣妾做不到啊。我们的原则是'服务不打折,品质不打折,价格不打折'。如果轻易打折,意味着我们的服务水准也会轻易降低,您肯定不乐意!在规定范围内让您享受到更多、更好的服务,这个我可以安排。您请这边扫码,申请会员,就送520元会员礼券,马上领取,马上抵用。这样产品不打折,您购买仍然有福利,完美!"(用会员礼券满足顾客打折的要求)

话术范例三

🧑 **卖手**:"亲,您眼光不凡,出手更不凡,上千元产品,说买就买,您的美丽您做主!赚钱就是为了能痛快花,女神气质这方面您拿捏得死死的。这个'恕不讲价'的牌子您也看见了,我坦白,我没权力打折。但您是我的贵人,您大气,我也不能小气。为了感谢您的关照,我向店长申请一份超级 VIP 礼品送给您,意大利原装进口的化妆包,头层真皮,非售款,有钱买不到,无论放置在梳妆台还是外出携带都方便、高级。麻烦您报一下电话和生日,我为您办理登记。能邀请亲成为尊贵的超级 VIP 会

员，是门店的荣幸，也是我的荣幸。"（用超级赠品和超级 VIP 会员资格同时照顾到顾客的面子和里子）

方法技巧

应对顾客要求打折的技巧：

1. 事实："品质不打折，服务不打折，价格不打折。"
2. 责任："我有帮您选好产品的责任，却没有打折的权力。"
3. 转化："您大气，我也不能小气。"
4. 满足："我额外为您申请一份超级 VIP 礼品。"
5. 价值："能为尊贵的您提供优质服务，是我的荣幸。"

举一反三

为什么顾客买几千元的产品依然要求打折？这反映了顾客什么样的心理？

1. _____
2. _____
3. _____

为什么门店不可以轻易给顾客打折？折扣泛滥会造成什么样的经营后果？

1. _____
2. _____
3. _____

情景54
我是老顾客了，有啥特别优惠

常见应对

1. 不好意思，新老顾客我们都一视同仁。
   （不给顾客面子）
2. 抱歉，价格公司定的，我没有这个权限。
   （把责任推给公司）
3. 既然是老顾客，清楚规定，何必为难我。
   （流露出了对顾客的不满）

引导策略

老顾客是门店最宝贵的财富，老顾客的比例决定了门店能否持续经营下去。维护好老顾客的客情，有助于给门店带来源源不断的新顾客。对老顾客的服务一定要热情，充满人情味。一般的门店和品牌，通常都会提供老顾客特殊优惠或特殊福利。但依然会有顾客不满足固定福利，以老顾客的身份，希望获得更多的特权和优待。

不要觉得老顾客更大折扣要求不合常理。商业社会充满人情世故。在顾客看来，她的面子永远比门店规定大。因此，在明面规定外，留个"暗门"用于维护特殊客情，如免费送货、免收零头、免费包装、额外积分、额外礼品都是基本操作。卖手发自内心感谢老顾客，甚至可以主动利用对方想获得更多福利的心思，促进升单和转介绍，为门店创造更多收入。

话术范例

话术范例一

卖手："向太，您支持我们这么久了，您的关照我一直记在心里。虽然这不符合规定，但您开口，再怎么难，我也要为您争取。我马上向店长申请9折，如果申请不下来，我向老板娘申请，如果老板娘不同意，这个优惠我来贴。我就一句话，向太您第一次开口，这次我无论如何得让向太满意。谢谢向太一直的关照，为向太服务，是我的荣幸。您稍等片刻，我立刻为您申请。"（即使能打折，也要申请才能同意）

话术范例二

卖手："是的，张姐，您多次帮衬，十分感谢！折扣方面，您是老顾客，您清楚我们没有这个权限，实在抱歉。但是，您的关照我们都记着的，您每次消费虽然没有折扣，但消费金额自动累计积分，年底积分可以换购产品，10分当1元，不算积分加倍其他优惠，就相当于9折优惠了。您买得越多，福利就越多。张姐，您对我们的好，我们肯定是不会忘记的。不送折扣送积分，也代表了我们的一份心意。我和小伙伴还能再为姐送上一个最真挚的祝福，祝您美丽常在，快乐常驻。"（用积分换算顾客的优惠）

话术范例三

卖手："亲，您是第三次支持我们了，非常感谢。您也知道为了保证服务品质，我们店从不打折。刚刚我在电脑里查了一下，加上本次购买，您的总消费金额已经2600多元了。只要累计购物满3000元，就能成为门店尊贵的VIP会员了。成为会员，后续购物享受10%的消费积分奖励，积分可按等额现金换购产品，另外还有私人皮肤档案、私人皮肤定制方案，新品试用、生日尊享、特惠产品等共26项尊享福利。刚刚您看过的这瓶精华液刚好300元出头，您一块带上，正好超过3000元，今天就能够升级会员了，服务升级，尊享升级；还能马上获得一项新会员福利，送

××限量版典藏香水1瓶，这瓶香水的价值超过精华液了。亲，您是马上升级还是立刻升级呢？"（以会员福利促进顾客升单）

🔍 方法技巧

老顾客要求折扣的处理技巧：

1. 免费礼品：提前准备若干礼品，根据需要赠送。
2. 减免零钱：老顾客免收个位数零钱。
3. 免费服务：免费测试皮肤、免费新品小样等。
4. 老顾客升级：推荐积分计划或会员计划。

☕ 举一反三

老顾客要求降价或优惠在门店常见吗？通过实例说明你的处理方案。

1. _____
2. _____
3. _____

门店有完整的会员体系吗？如果没有，你会如何设计？

1. _____
2. _____
3. _____

情景55
我不要赠品，不如直接减现金

常见应对

1. 真抱歉，规定不可以这么做！
   （又拿规定说事，最容易引起顾客反感）
2. 对不起，这个事我做不了主。
   （回答错误，顾客会要求找能做主的来）
3. 这不行，就算您不要赠品，也不能打折。
   （直接拒绝顾客，后果难以预料）

引导策略

为促进销售，门店往往会准备一些赠品，以满足顾客花同样的钱，获得更多的拥有感。赠品的特点是价格很高，但实际成本很低。这本是一个皆大欢喜的操作，看破不说破。偏偏有精明的顾客会拒绝赠品，要以赠品价值直接扣减现金。这就尴尬了，不答应，顾客不爽，到嘴边的鸭子会飞走；贸然答应，既与规定不符，也不知道该怎么减。

拒绝顾客减现金的要求是必须的。不用和顾客讲道理，因为顾客不讲"道理"在先。要讲情义，强调"千里送鹅毛，礼轻情义重"。再拼定力，拼谁的定力更强，谁妥协谁输，谁坚持谁赢。打破僵持的手段是迅速在各种礼品中为顾客挑出最喜欢或最适合的，并送上祝福，"特别的爱给特别的你"。只要顾客接受礼品，自然会刷卡买单，就是这么简单。

话术范例

话术范例一

🗣 **卖手**："哈哈，美女，这么漂亮的化妆镜您不要，可以送给我啊！这面镜子颜值高，居家和携带使用均可，非常方便，我都想要，不过这是专为贵宾准备的，我不配拥有哦。虽然镜子不贵，但它能代表我们的特别心意，希望美女随时随刻都能照出更美丽、更自信的自己（说出礼品的好处与价值）。您的美丽和自信是无价的，所以真没办法抵现金。我可以帮您选一个喜欢的颜色。美女，粉色和蓝色，您喜欢哪个颜色？"（顾客如果选择颜色，问题就解决了）

话术范例二

🗣 **卖手**："亲，如果有黄道吉日的话，今天肯定是您双喜临门的好日子。第一喜，您得到了满意产品，秒变颜值女神。第二喜，您获得了精致的礼品，一克拉莫桑钻，人生更璀璨。这种双喜临门的事，可以再来一打。还有一喜，此后余生，您放心把颜值交给我呵护，今天也是我们的好日子。亲，您把纤纤玉手交给我，钻戒我为您戴上，执子之手，与子美丽！哇，亲爱的，您戴上钻戒的样子真的太美了。我们一起拍张照，在朋友圈里晒一晒，看看到底有多少个羡慕和祝福。"（把礼品的价值渲染到位，顾客无法拒绝）

话术范例三

🗣 **卖手**："小姐姐，不要生气，我可能要拒绝你了。赠品是心意，'千里送鹅毛，礼轻情意重'。送礼这件事，我打个比方，就像男朋友，在'520'的时候，红包是红包，鲜花是鲜花，礼物是礼物，不能混，多一份礼物，代表多一份爱，不能随便减。我们送口红，也是一样的，产品是产品，礼品是礼品，特别的爱给特别的你！这支'狂吻不留痕'水晶口红，高雅浪漫，价值不菲，仅限贵宾赠送，非售产品，使用效果没话讲，你一定会越用越喜欢的。这款口红有性感、高冷、优雅几种风格，小姐姐，你喜欢什么风格和色系，告诉我，我为你选一支最能为你颜值加分的。"

方法技巧

说服顾客赠品不能冲抵现金的技巧：

1. 强调事实："直接减现金，肯定不存在的。"
2. 陈述关键："千里送鹅毛，礼轻情义重。"
3. 描述赠品："这份礼物精心挑选、价值不菲，是门店非卖品。"
4. 创造价值："产品加礼品，双喜临门，颜值加分，幸运加倍。"

举一反三

什么类型的顾客会要求用赠品冲抵现金？她们的行为具有普遍性吗？

1. _____
2. _____
3. _____

如何优化门店的赠品，让赠品成为引爆成交的利器？

1. _____
2. _____
3. _____

情景56
谁说优惠后不能送赠品，我两样都要

常见应对

1. 这个不行，您只能选择一样。
   （不客气，强硬，直接拒绝顾客）
2. 美女，鱼和熊掌两者可不能兼得噢。
   （回答了问题，顾客的要求并未被满足）
3. 您两样都要，我们就要亏死了。
   （过于夸张，反而失去了心意）

引导策略

打折和赠品是门店最基础的促销形式。在举办大型促销活动时，为了促进销售，增加顾客选择的丰富性和多样性，很多门店会同时推出打折和赠品组合，由顾客二选一。但是成年人不做选择，她们大手一挥，"两个都要"。即使卖手反复强调这不符合门店的规定也无济于事，要么都给我，要么我就不买。

越是买买买，剁手不皱一丝眉头的女性，越容易计较微不足道的赠品和折扣。这类希望鱼和熊掌兼得的顾客，消费多少不是问题，她们享受这种强势争取的乐趣。门店设计动销时，应该预见这种情况，甚至提前把"机关"设计进去，让顾客来讨价还价，几番交手后终以"妥协"让顾客得逞，这如同恋爱中彼此的小心机，最终是皆大欢喜的。

话术范例

话术范例一

卖手:"美女,打折、赠品都好,换了我也都想要。我们是品牌专卖店,平时购买,既不打折,也不买赠,别说两者兼得,一样都没有。这是门店5周年庆才有的大促活动,打折和赠品二选一,机会难得。打折帮您省钱是少花,赠品额外得到是多得!您闭着眼睛选都不吃亏,都是意外惊喜,满载而归。"(说明道理,请顾客自行决定)

话术范例二

卖手:"哈,小姐姐,成年人不做选择,统统都要。如果能同意,我当然不会小气,可是臣妾做不到啊!这次优惠是门店周年庆,错过等一年。如果您自己不好选,我奶奶说'鱼与熊掌两者不可兼得,舍鱼而取熊掌者也'。我给您一个建议,打折帮您省几十块,这几十块买啥啥不够,不顶用。这款精油是门店为周年庆专门找厂家定制的,限量版,市场价格大几百,挺珍贵的,选精油,相当于一件产品的钱得到两款很棒的产品,更香。"(建议顾客选择赠品)

话术范例三

卖手:"姐,您那么关照我,能给我肯定都给。这次促销力度史上最强,赠品精选,折扣暴力,老板娘反复强调要严格执行促销规定,折扣和赠品只能二选一。如果您一定要选两样,老板娘要哭死在厕所里了(轻松、幽默,语气轻快)。姐,您最大方、最有爱、最善解人意了(看着对方的眼睛或握着对方的手说),既然赠品您不是很喜欢,就直接打折。这次您买得不少,打完折真金白银节省一二百,省钱就是赚钱,您多买只老母鸡炖炖,内补外调,颜值、营养、能量一块补,很不错哦!"(建议顾客选择折扣)

方法技巧

处理顾客要求同时获得打折和赠品的技巧：

1. 态度上："打折、赠品都好，换了我，我也都想要。"
2. 立场上："您那么关照我，能给的我肯定都给。"
3. 行为上："舍鱼而取熊掌者也，我建议您……"
4. 技巧上："无论您选哪一样，都是意外惊喜，都能满载而归。"
5. 价值上："姐，您能买满××××元，我向店长申请全部送。"

举一反三

打折和赠品，哪一样更有利于促成顾客购买？为什么？

1. _____
2. _____
3. _____

如果门店允许打折和赠品可以同时有，你该怎么做才不会让顾客得寸进尺？

1. _____
2. _____
3. _____

情景57
你们的××，不如×× 品牌专业

常见应对

1. 沉默，无言以对……
   （等于默认品牌确实不如别人）
2. 怎么会，我们是国际名牌，它们是什么？
   （贬低对手，没有气度）
3. 随便您怎么看，反正我认为我们的品牌更好。
   （是与顾客怄气，而不是解决问题）

引导策略

在促成购买过程中，难免会遇到顾客将我们与竞品进行 PK 的情况。我方的优势顾客会暂时性失明，她们会将竞品的优势（特别是价格优势）放大，同时我方的不足也会被刻意放大。顾客的表达或虚或实，或真或假，其对我方的各种贬低，依然是以占据谈判上风和获取杀价筹码为出发点的。顾客越较真，代表对方越想要，毕竟"嫌货才是买货人"。

此时此刻，卖手呈现的气度至关重要。不要以己之短攻敌之长，顾客会通过我方对竞品的评价来决定其对我方的评价。哪怕卖手知道顾客所言竞品有明显不足，也不要将其按在地上摩擦。在顾客眼里，你摩擦的不是竞品，而是顾客的脸。强调"人无我有，人有我优，人优我新"的核心优势，用卖手自身体验为效果加分，顾客会被征服的。

话术范例

话术范例一

卖手："是的，××品牌名气不小，如果是普通家居清洁和洗护产品，选它没毛病（肯定竞品的优势）。如果选择功能性产品，解决肌肤问题，对症修复就很重要。在帮您去角质、快速淡斑这件事上，我们××才是您的最佳选择。不看广告，看疗效！我们品牌20多年，靠品质和效果赢得用户口碑。只选对的，不选贵的，您觉得呢？"（强调自己的核心优势）

话术范例二

顾客："爽肤水，好像××效果更好！"

卖手："姐，抱歉，您说的品牌我不了解，没办法进行对比（即使知道也可以当作不了解）。我相信姐的水准，这个品牌应该也不错，抽空我去了解一下，下次您需要再帮您深度对比。我们和一般品牌最大的差别是我们提供一站式肌肤解决方案。我们是根据季节变化、您的肤质情况和护理需求，替姐做出的产品组合推荐，单纯对比一瓶爽肤水意义不大。这款爽肤水肯定能满足您清洁、补水、滋润的多重需要。姐，选化妆品，缘分也挺重要。既然您今天有缘了解我们，体验不错，价格让您心动，就别错过了，该出手时就出手。"（强调眼前机会更重要）

话术范例三

卖手："对的，亲说的是这几年热起来新国潮品牌，很多潮流'00后'小姐姐选它的彩妆和家居清洁。新品牌有新品牌的香，老品牌有老品牌的醇。我们没那么网红，但我们是百年国货之光，说真的，以前我也看不上，觉得包装宣传都土得掉渣。没想到用了之后，我也成了粉丝。美容护肤品不是光靠包装、靠流量的，关键看品质和效果。××有太多的国家级荣誉和权威见证，除了广告少，新品牌该有的它都有，新品牌没有的它也有，全系列产品结构，同品牌范围挑选余地大，能满足一家老小、一年四季、春夏秋冬、从头到脚的护理需求。不比广告，比品牌、比历史、比价格、比配方、比效果，谁能胜出？"

方法技巧

与竞争对手比较的技巧：

1. 了解的竞品："××很不错，我们也有独一无二的优势……"

2. 不了解的竞品："××我不了解，我相信姐的水准，稍后去了解。"

3. 处于弱势时："选产品，不仅要比××（竞品有优势之处），还要比历史、配方、成分、工艺、品质、效果（我方有优势之处）……"

举一反三

评价竞品时要注意哪些细节？哪些可以说？哪些不可以说？

1. _____
2. _____
3. _____

竞品在某个点上有明显优势，您如何把握立场，不亢不卑说服顾客？

1. _____
2. _____
3. _____

情景58
马上就黄金周了,我到时候再买

常见应对

1. 黄金周还很早,您确定要等那么久吗?
   (平淡直白,顾客仍然会无动于衷)
2. 迟买早买都是买,不如现在就买。
   (催促顾客买单,其实没有什么力量)
3. 那我给您打个折如何?
   (主动让步,难免陷入讨价还价中)

引导策略

作为传统营销手段,在五一、国庆黄金周等重大节假日,无论门店还是品牌,必定会推出各种眼花缭乱的促销活动,顾客可额外获得打折、礼品、抽奖、积分加倍等各种花式优惠。时至今日,促销风暴愈演愈烈,优惠力度越来越大,周期越来越长,花样越来越多,甚至如"双11""双12""618"等电商购物节也从线上蔓延到线下门店。内卷的后果是,要么卷死对手,要么卷死自己。

过度促销的后果就是顾客不愿意再正价购买,没打折、没福利绝不买单。所谓黄金周再买,不外乎是争取福利与优惠的借口。顾客现在不买,到黄金周也不会买。如果卖手能妥协、能让利,成交会很简单。如果卖手没有打折权限,唯一的应对策略是放大顾客等待的痛苦,用特别的热情打动顾客,面子和里子,卖手至少要把面子给够。

话术范例

话术范例一

🙍 **卖手：**"小姐姐，我明白您的意思，黄金周我们确实会有优惠活动，不过这款面膜例外。它是新品，卖疯了，最多下周就会卖断货，黄金周不一定能补到货。'千金难买心头好'，无论喜欢的人还是喜欢的东西，都是可遇不可求的，'求之不得，辗转反侧'。肌肤补水需要每天呵护，现在到黄金周还那么久，伤不起。小姐姐，您白天干巴巴地等，难受；晚上干巴巴地睡，更难受（放大顾客等待痛苦）。最硬核的理由是，这款面膜正价138元，新品秒杀价98元，会员福利买三送一（用当下利益打动顾客），我向小姐姐保证，迎来新品季，黄金周也不可能有这个福利。今天出手，抢到就是赢！"

话术范例二

🙍 **卖手：**"美女，我理解。有一说一，如果是衣服和包包，等黄金周出手没关系，不差这几天。皮肤护理不一样，您可以等，皮肤不能等。春夏换季，皮肤易过敏，早晚两次居家护理必须做起来，一天都不能停。黄金周还有那么久，什么促销方案八字还没一撇（将黄金周与现实有效区隔）。万一这款产品不在优惠活动范围，等到的就不是惊喜，而是惊吓，那么我真对不起您了。早一天使用，多一天美丽，黄金周优惠小，现在美、立刻美、马上美才是头等大事！"

话术范例三

🙍 **卖手：**"亲，我对您的敬仰如长江之水，绵绵不绝。如果是瘦身，一盘香喷喷的红烧肉放在面前，忍着不吃，这个厉害，不服不行。但是皮肤保养，一天不能停，一分不能等，一秒不能浪费，晚一天使用，就多了24小时，想想都可怕。到黄金周还有一个月，从今天开始加强，28天焕颜，用一个最好的肌肤状态过黄金周，不香吗？到时候不管旅游购物、聚会约会，都有一脸好皮肤，让姐妹们羡慕妒忌恨，不用开美颜都有水水的颜值美照，发朋友圈吊打闺密。亲，今天上车，是为了春天的邂逅，黄金周有活动再上车是为了夏天的浪漫。不怕美得多，就怕不够美，您觉得呢？"（为黄金周顾客再次消费"种草"）

方法技巧

说服顾客不要等黄金周促销再买的技巧：

1. 制造稀缺："这款产品很热销，黄金周会断货。"
2. 树立观念："皮肤每天需要保养，您可以等，皮肤不能等。"
3. 制造痛苦："求之不得，辗转反侧。黄金周还有那么久哦。"
4. 确定行动："现在出手，现在焕颜，用最好的皮肤状态过节，不香吗？"
5. 持续"种草"："五一黄金周有活动再上车，是为了夏天的浪漫。"

举一反三

顾客为什么要等到黄金周或其他重大节假日才购买？

1. _____
2. _____
3. _____

为了让顾客立刻购买，可以给顾客额外优惠或折扣吗？为什么？

1. _____
2. _____
3. _____

情景59
我今天赶时间，下次再说吧

常见应对

1. 都已经开好单了，付完款就可以马上走！
   （过于急促，更容易加快顾客离开的步伐）
2. 亲，能再给我5分钟时间吗？
   （顾客可能真的很急，连1分钟都没有）
3. 下次！下次是什么时候？您不如直接说不要好了。
   （语气生硬，质问）

引导策略

　　顾客真的没时间吗？不存在的。逛店有时间，选产品有时间，试用有时间，到了要买单的关键时刻，突然没有时间了？谁信谁傻！顾客真有急事离开的概率和福利彩票中头奖的概率差不多。这种被"调戏"的感受，是可忍孰不可忍？顾客为什么要急着离开，究其原因，要么价格开高，顾客"买不起"，要么逼单太急，顾客"伤不起"，不得不跑。

　　顾客会再回来吗？不可能的。卖手要破局，第一时间要检讨自己的行为是否有不妥之处。如因个人行为不当造成顾客流失，一定先坦诚认错。如同恋爱一样，愿意主动示弱的一方，其实才是真正掌控局面的一方。如果是价格方面的障碍，从询价、产品价值、额外优惠几个方面综合判断，找到顾客"掉线"的真正原因，对症下药，则药到病除。

话术范例

话术范例一

卖手："明白！姐真有急事，我就不废话了。我以10年专业经验向您保证，这套水能量系列品质可靠，是夏季防晒补水的优选。家庭护理早晚都要进行，就像每天吃饭一样，定时、定量，不能因为有事就耽搁购买和使用，您这边扫码付款，我马上替您包装，不耽搁您时间！"（利用顾客着急的心理直接促成购买）

话术范例二

卖手："收到，小姐姐，再请您留两分钟可以吗？我长话短说，您看如何？"

顾客："好吧，就几分钟，你要说啥？"（如果有急事只是借口，大多数顾客会留下来）

卖手："小姐姐，您刚刚挑得好好的，不像特别有急事的样子，突然要离开，是我服务或介绍不到位吗？您尽管提，我会虚心接受、积极改进的（坦诚了解顾客离开的真正原因）。帮您选到合适的产品是我的职责，买不买的决定在您。站在我的角度，我就一句话，这款产品非常适合您，不买会错过！开单扫码只要1分钟，不影响您赶时间。"

话术范例三

卖手："好的，有事您先忙。亲，扫一下码，这是门店小程序，您先关注，这样我们店就能留在您的手机里了，新品、活动信息会自动推送。您空下来后，可以动动手指，申请会员，领取新人礼包，一键转发，和闺密一块抢福利……另外，姐今天试的产品很棒，适合您长期使用（再次加强顾客对产品的印象），您要回来继续了解，在为您颜值加分这件事上，它当仁不让。最后一个小小的请求，亲，一定记住我，我叫小龙女，工号18号。您是我最尊贵的客人，我会为您特别准备一份礼物，风里雨里，我在等您。"（即便顾客真有急事离开，也要强烈安利）

方法技巧

说服"我还有事，下次再来"顾客的技巧：

1. 争取挽留顾客："好的，再给我1分钟时间可以吗？"

2. 回应顾客要求："既然您有急事，我直接给您推荐适合的产品。"

3. 强调关键理由："这款产品非常合适您，有急事也不影响您做决定。"

4. 利用着急促成购买："您在这里扫码，我马上给您包装好，不影响您赶时间。"

5. 为回转"种草"："我会为您特别准备一份礼物，风里雨里，我在等您。"

举一反三

顾客是真的要赶时间吗？顾客为什么会提出这样的借口？

1. _____
2. _____
3. _____

如果顾客确实有急事要离开，有什么方法可以确保顾客能够再次光顾？

1. _____
2. _____
3. _____

情景60
今天钱不够，下次带够钱再回来买吧

常见应对

1. 不会吧，才这么点钱，您都没带？
   （卖手自己有点气急败坏了）
2. 好吧，我先给您留着，您要尽快回来哦。
   （"傻瓜式"应对，顾客肯定不会回来了）
3. 这是限量版，下次再来就卖完了。
   （没有软铺垫，容易将顾客逼入死角，直接拒绝）

引导策略

这是一个真实的谎言。以今日之经济水准，哪怕是县城女性，为了美丽，几十、几百甚至上千的支付能力肯定有。没现金，还有信用卡、花呗。说自己"没带够钱"，要么拒绝，要么杀价。这是顾客给卖手制造的最为痛苦的陷阱之一，比直接拒绝更难受，软刀子割肉不好受。逼单吧，顾客说没带够钱；不逼吧，顾客是断线的风筝，一去不复返。

破局的方法只有一个，不与顾客正面纠缠，用轻松、幽默、"化骨绵掌"的方式进行软回应，她说她的，你做你的，用坚持换顾客的妥协。如果顾客不让步，卖手就退一步，用折扣和赠品打动顾客；如果还不行，就采取分割交易方式，把产品组合拆分，先成交一小部分，让顾客和自己都不至于一无所获。只要顾客使用有效果，很快就会回来复购的。

话术范例

话术范例一

卖手："哈哈,亲,我懂的。您就是爱开玩笑。刷脸时代,哪位美女出门还带现金?您这是考验我的应变能力呢。放心,亲,我的反应还够用。不用现金,用微信、支付宝、收钱吧、花呗都可以。亲随便刷,尽管刷,只要有钱刷,我保证亲一定可以美貌如花。反过来也一样,只要亲美貌如花,肯定有钱花,随便花,尽管花。亲,这边扫码。"(以轻松幽默的方式应对)

话术范例二

卖手："姐,没问题,您能确定我们的产品和服务能帮您颜值加分最重要。姐要再跑一趟,太麻烦。我这边开好单,姐交100元定金,我这边登记好您的地址、电话、姓名,稍后安排同城快递在您方便的时间送货上门,产品余额您到付就行,运费我来承担,方便您,也成全我。这样今晚您就可以开心感受我们家产品独特的体验,还有颜值呵护、即时修复的魅力啦。"(提供送货服务,让顾客无法拒绝)

话术范例三

卖手："理解,理解,我也一样,经常看到好东西就想'剁手',会忘记自己余额不足。没关系,钱够就多选,钱少就少选,这没啥(主动缓解顾客的尴尬)。今天已经快到点下班了,您回家再跑一趟,一是麻烦,二是时间不够,耽搁使用。我有一个解决方案,洗面奶和润肤水是居家基础护理用品,每天早晚要用,您先带着走;还有晚霜今晚也要用,您不妨也带上。这瓶隔离霜和这瓶精华液可以晚几天用,我先替您留着,您明天或周末有空再回来拿,这样既解决了问题,也能让您今晚就能感受出色的颜值呵护,迎接明天全新焕颜的美好一天。小姐姐,就这样愉快地决定了吧。"(顾客确实钱不够,分拆成交)

方法技巧

应对顾客没带够钱的技巧：

1. 体谅式："嗯，这种情况我也会经常发生。"
2. 服务式："我们可以送货上门，解决这个问题。"
3. 分拆式："先把××和××带回去，早一天使用，多一天美丽。"
4. 幽默式："亲随便刷，尽管刷，只要有钱刷，我保证亲一定可以貌美如花。"

举一反三

为什么说顾客"我没带够钱"是借口？你是如何理解的？

1. _____
2. _____
3. _____

如果顾客真是消费能力不够，你如何化解尴尬，促成成交？

1. _____
2. _____
3. _____

7 销售促成实战情景训练

求婚成功与否既取决于彼此真爱,也取决于求婚时机。仪式感很重要!爱情剧中,男主的求婚必杀技是场景高雅、灯光绚丽、音乐浪漫,左手玫瑰、右手钻戒,以及生死契阔的爱之誓言。促成如求婚。卖手的促成必杀技亦如是,场景、灯光、音乐、掌声、礼品、氛围,缺一不可。当然,卖手"陪你与全世界一起美"的爱之告白——执子之手、与子偕美才是点睛之笔。

情景61
产品买回去没什么效果怎么办

常见应对

1. 放一百个心，无效退款。
   （夸大其词的承诺，可能误人害己）
2. 有没有效，谁用谁知道！
   （实际上等于什么也没说）
3. 这是最好的祛痘产品，如果没有效，只能说您运气太好了。
   （回应不恰当，反而会增加顾客烦恼）

引导策略

即便顾客对某款美容化妆品心动不已，她们依然会提出对效果的担忧。这是一个非常明确的成交契机。她们并非要和产品效果较真儿，而是希望得到产品效果的明确承诺。如果卖手能给予肯定的回应，她们会迅速消除最后一丝犹豫，做出购买决定。

要消除顾客对产品效果的担忧，卖手需要专业和权威。专业和权威可以让顾客的担心减少一大半，其他顾客使用有效的真实案例，会消除顾客最后的担忧。如果卖手能够把自己的使用效果予以代入，顾客的担忧会变成为坚信，刷卡买单自然能水到渠成。

话术范例

话术范例一

卖手："亲，只选对的，不选贵的。说句良心话，我都觉得这款祛斑霜定价低了，一套2瓶才179元，如果价格是五六百元，甚至上千元，您或许就没有这个担心了。它的定位就是贵族品质、亲民价格，超高性价比，您早晚使用，最快一周，您就会为它不凡的淡斑效果点赞的！"

话术范例二

卖手："大姐，您放心吧，这款祛斑霜是按照化妆品选择三原则为您精挑细选的。第一，适应性，完全针对您的皮肤性质。第二，安全性，百分之百纯中药配方，不含任何重金属和致敏成分。第三，有效性，产品有效性碾压所有同类产品。不说百分之百根除褐斑，遏制恶化和帮助淡化肯定没问题，只要您正确和坚持使用，效果不要太好了。"

话术范例三

卖手："姐，我懂您的意思，要想化妆品百分之百有效，还需要一个神秘配方哦！"（引发顾客强烈的好奇）

顾客："啥啊，那么神奇。"

卖手："这个秘方就是一句话，'越自信越美丽'。您的皮肤底子本来就好，身材又好，稍一打扮，就是颜值女神。这款精华素够高端，效果毋庸置疑，妥妥的冻龄魔法。说句大实话，其实我也担心它的作用并没有那么大，因为它最多能帮您年轻10岁，只有加上您的自信，才能让您'今年20，明年18'。颜值拯救世界，您拯救颜值！您要对产品有信心，更要对自己有信心。"（正话反说，激发顾客的自信）

方法技巧

销售促成的关键技巧：

1. 随时注意观察和判断顾客的成交信号。
2. 捕捉顾客当前心理状态，迅速销售促成。
3. 成交始于坚持，每位顾客至少销售促成3次。
4. 坚定顾客使用信心，赞美是最好的催化剂。

举一反三

世界上有绝对有效的化妆品吗？如果有，那是什么？

1. _____
2. _____
3. _____

为什么顾客担心产品效果是最好的销售促成机会，如何把握这个机会点？

1. _____
2. _____
3. _____

情景62
我的皮肤很敏感，万一用了过敏怎么办

常见应对

1. 您放心，绝对不会有问题。
   （空泛，顾客没有得到根本保障）
2. 护肤品过敏很常见，不必太担心。
   （是解决问题还是雪上加霜？）
3. 这个不会的，这款产品敏感肌也可以用！
   （还不错，应继续给出更确定的理由）

引导策略

再安全的护肤品，致敏性都永远存在，不外乎是高或低的问题。肌肤敏感的女性，内心也会比较敏感，在决策前总是希望获得更多的安全感。她们既渴望拥有效果更好的护肤品，又担心产品使用后会适得其反，让她们本来就脆弱的肌肤雪上加霜。这时候，就需要一个值得信赖的人给她们一个安全及有效的肯定，她们才会把购买付诸行动。

卖手的信任感不是停留在口头和表面上，而是让顾客形成依赖感。信任的前提是卖手对顾客肌肤问题的准确判断，从专业角度出发，判定肌肤敏感的严重性，推荐合适的产品。卖手可以多花点时间，用抗敏测试来消除顾客的担忧。就像面对病人一样，卖手从容、淡定的态度，对顾客敏感肌肤修复做出明确的肯定，会让顾客的信任加倍。

话术范例

话术范例一

🙎 卖手："美女，请放心，这是最基础的补水产品，纯天然植物配方，不含任何化学添加成分，适用于任何类型的皮肤。即使您是过敏性皮肤，也可以安全使用，不必担心。"（直截了当，消除顾客的担忧）

话术范例二

🙎 卖手："小姐姐，您的担心，我已经注意到了。敏感皮肤的特点是皮肤薄，毛细血管明显，有血丝。您面部皮肤确实比较薄，不过毛细血管和血丝并不太明显，症状轻微，注重保养肯定是能逐步恢复的。这款产品中含有的薰衣草和金缕梅成分有很好的修复过敏功能，能够缓解敏感，帮助肌肤逐步恢复正常。如果您还有担心，在使用上可以谨慎一些，第一周隔天使用，让皮肤有个适应过程，一周后再每天使用，您很快就能感受到肌肤修复和敏感改善的。"（从成分和使用方法上解决顾客担心的问题）

话术范例三

🙎 卖手："亲，您的担心，我马上为您解决，做个皮肤过敏性小测试就可以了。我取适量产品在您手腕内侧涂抹一下，稍等10分钟，如果皮肤状态正常，没有发红、发痒、发疹情况，就表明肌肤对这款产品的接受和吸收很好，可以放心使用。好的，涂抹完成了，您先坐，我替您倒杯水，这本是门店最新一期会员刊物《美丽在线》，有各类皮肤保养专业知识，您可以看一看。里面就有秋季皮肤抗敏修复的小贴士，会对您很有帮助的！我这边先开好单，10分钟后没有异常反应，您就可以放心扫码购买了。"（用过敏测试排除顾客的担心）

方法技巧

直接开口成交法使用技巧：

1. 眼神：专注，凝视对方。
2. 表情：亲切，微笑。
3. 语言："您放心，肯定有出色的使用效果，我为您开单。"
4. 肢体语言：开放、自然。
5. 成交动作：开单迅速，交顾客核对后邀请其扫码。

举一反三

过敏性皮肤有什么明显的特征？你能通过目测加以判断吗？

1. _____
2. _____
3. _____

如何运用专业皮肤检测仪去检测顾客的肤质？你能熟练操作仪器吗？

1. _____
2. _____
3. _____

情景63
我送闺密的,还是问问她的意见再决定吧

常见应对

1. 既然送闺密,送的面子最重要!
   (只能算对一半,可能闺密觉得好用更重要)
2. 啊,你们真是中国好闺密哦。
   (赞美了顾客,但并没有真正解决顾客的问题)
3. 嗯,您和闺密一起来挑就好。
   (表面上替顾客考虑,实际上放弃了当下成交的希望)

引导策略

女性购买美容化妆品有时并非自用,而是用于赠送他人,比如闺密生日、订婚等。这种情况下,购买者和使用者不同,购买心理也和自用完全不同,购买决策相对复杂。对于品牌、档次、价格、安全性、效果等因素,购买者都会多方考虑,以避免送错。虽然销售促成购买会更显难度,但因为送礼的特殊性,反而更容易促成大单。

顾客用于赠送的特殊购买,通常有两种情况。第一种情况,顾客了解闺密使用习惯和使用需求,指定购买,卖手成交速度越快越好。第二种情况,顾客不确定闺密肌肤情况和使用习惯,需要专业建议,品牌价值和安全性是需要着重考虑的。卖手应避免推荐太复杂、强功效的套装,会让顾客觉得使用麻烦、有风险,降低购买意图。强调不满意可调换能给对方一颗定心丸。

话术范例

话术范例一

🧑 卖手："亲，相信我的眼光和专业噢！这款香水，给闺密做生日礼物正合适。送礼第一要送面子，××是国际品牌，够高级，您送得有面子。第二送里子，香水使用简单方便，贴身贴心，能陪伴闺密很长时间，见证闺密情深，闺密用得有里子。第三送喜欢，'闻香识女人'，这款香型您是按闺密的喜好挑的，这是送到心里了，完美！这么说吧，××很尊贵，您的心意更珍贵，美慕闺密有您这位好姐妹。我为您打个礼品包装。祝闺密生日快乐，有闺密，更美丽！"

话术范例二

🧑 卖手："亲，给闺密的礼物，送的是惊喜和神秘。您问闺密的意见，等于提前'剧透'，没有惊喜，再贵的礼物都不香。这款居家套盒，纯天然成分，使用安全，过敏肌肤都能用，而且是您用出效果的美丽分享，我敢肯定，她收到礼物，一定会特别开心，我还敢肯定，等她皮肤变好了，她会特别感谢您，您也会特别有成就感。我帮您包装好，您记得一定要拍下她收到礼物时的惊喜，为友情加分；等她颜值提升了也不要忘记拍下来，为美丽加分哦。"

话术范例三

🧑 卖手："亲，我不美慕风，也不美慕雨，我就美慕您闺密，有您这样的好姐妹。您对她的好，真是绝了，用钱都买不来。这款××套盒，品牌出众，适应任何肤质，护理效果好，既然是闺密心心念念很久了，您当礼物送不知道有多合适了。闺密收到这份礼物一定会超级开心，爱死您的。我给您一个保证，万一觉得不合适，30天内可以任意调换。您把礼物送出去后，可以让闺密加我微信，她有任何皮肤护理问题，我会第一时间回复，保证她使用绝无后顾之忧。我期待闺密和您一样，成为我的超级VIP，我将你俩的颜值一起呵护到底。"

方法技巧

给闺密送礼的绝对成交技巧：

1. 亲，我不羡慕风，也不羡慕雨，我只羡慕闺密有您这位好姐妹。
2. 给闺密的礼物，当然要送惊喜和神秘。
3. 用××给闺密送礼，您送的是面子，闺密用的是里子。
4. 别忘记拍下闺密收到礼物时的惊喜和感动哦。
5. 等闺密皮肤变好了，她会特别感谢您，您也会特别有成就感。

举一反三

顾客自用和用于送礼在购物心理上有何不同？如何利用这种区别创造大单？

1. _____
2. _____
3. _____

作为专业卖手，需不需要详细了解闺密的年龄、消费习惯、肌肤特征等个人信息，为什么？

1. _____
2. _____
3. _____

情景64
这款产品好像我闺密在用，我问问她再买吧

常见应对

1. 有问题问我，难道我还不值得您信任吗？
   （制造尴尬，顾客应付几句就告辞）
2. 自己用的产品，干吗要别人替你决定？
   （有质疑顾客的意思）
3. 闺密的建议不一定都对，我们才是专业的！
   （有搬弄是非的嫌疑）

引导策略

"万事不决问闺密"的女生不少，不仅买衣服、买包包、买化妆品要问问闺密的意见，甚至找男朋友也要问闺密。事实上，人生是自己决定的，无论别人给什么意见，终归要自己承担所有。反过来，当一个人钻进死胡同，比如，一个"恋爱脑"女生疯狂爱上"渣男"时，闺密再怎么反对也是毫无作用的。

问闺密是一种惯性，核心问题还是在顾客身上。顾客没有被产品魅力征服，闺密再说好，不买的还是不会买。顾客购买决心已下，闺密反对也没有用。解铃还须系铃人，要促成问闺密意见的顾客购买，卖手先得把自己当成顾客闺密，交流要走心，凸显自身价值和高光时刻，还得把产品价值在顾客脑海深度"种草"，让产品成为呵护顾客肌肤的"颜值闺密"。

话术范例

话术范例一

卖手："哇，真棒，闺密也是我们的粉丝吗？您要问闺密意见肯定没问题。不过我真心觉得，选择就是答案。如果产品不够好，不是'00后'小姐姐保持肌肤年轻态的优选品牌，您的闺密早就把它pass掉了。实不相瞒，这个品牌不仅您闺密在用，我也在用，效果很好。您大可相信闺密，也可以相信我。把您的肌肤呵护交给××，没错的。"

话术范例二

卖手："亲，我和您差不多，买衣服、买包包、买围巾什么的都会问问闺密意见。毕竟，穿出去是要别人'好看'。不过护肤品是要自己'好看'，自己的感受最重要。况且问题肌肤修复，针对皮肤状况一人一方，需要专业判断，产品使用感受您可以问闺密，产品对症推荐您得问专业的。这款产品的适用性、成分、品质、护理效果我可以百分之百负责。您压根儿不用这么麻烦去问，闺密一直在用，这就足够证明品牌靠谱，您放心选择。在颜值呵护这件事上，××就是您的闺密，将您的肌肤呵护到底。"

话术范例三

卖手："太棒了，美女所见略同啊。冒昧问一句，您闺密的水准和品质要求高吗？"

顾客："那当然，她的化妆水平和眼光都是一流的，要不干吗问她。"（顾客必然如此回答，低水准的闺密意见没有任何参考价值）

卖手："亲，既然您足够信赖闺密，您完全不必打扰她了。她用您也用，谁都不告诉。每天早晚两次使用，只要28天，焕颜效果一定可以惊艳到您，也可以惊艳到闺密。到时候您揭晓谜底，你们都有同一个'颜值闺密'，××品牌××套盒，这是不是很惊喜？到时候你们再彼此交流和分享各自的护理心得，您也有体验和发言权，nice！"

方法技巧

权威促成法使用技巧：

1. 与顾客开始接触就塑造权威感。
2. 向顾客推荐产品时保持专业性。
3. 证明自己的从业经历及专业资格。
4. 强烈"种草"："在颜值呵护这件事上，××就是您的好闺密。"

举一反三

为什么顾客购买前要问问闺密的意见，闺密的意见有价值吗，为什么？

1. _____
2. _____
3. _____

如果闺密对产品有负面的评价，你该如何处理？

1. _____
2. _____
3. _____

情景65
我再考虑一下，等想好了再回来买吧

常见应对

1. 都给您打了折，还考虑什么呢？
   （错误的销售促成，连优惠都失去了应有价值）
2. 既然这样，您下次一定记得回来。
   （无可奈何地回应，事实上是"躺平"了）
3. 美女，就一瓶精华液，不过两百多，又不是上千，还考虑啥？
   （暗示顾客买不起，得罪了顾客）

引导策略

现代女性有一种病症叫"决策困难症"，有一个借口叫"我再考虑考虑"。犹豫是女性的天性，即使有了想要的冲动，还是会犹豫不决。顾客说"我还要考虑考虑"，代表成交点来临，就差临门一脚。如同烧水一样，即便烧到了99℃还是没开，得再加一把火，烧够最后1℃，水从量变到质变，而顾客心理则从"想要"变成"非要不可"。

出色的卖手如同出色的球场射手，必须具备捕捉时机结束比赛的能力。卖手需要毫不犹豫地促成购买。不促成购买，永远不会成交。顾客这时并不需要任何专业灌输和废话，她们只是缺乏自己下决心的勇气，卖手促成购买就是大胆、果断地替她们做出决定，说到底，没有哪位女性能够抗拒美丽的终极诱惑。

话术范例

话术范例一

🙍 卖手："姐，您是对产品功效和售后服务有担忧吗？告诉我，我替您解决。无论姐有啥顾虑，都不能耽搁皮肤抗衰这件事。1天不保养衰老1个月，1个月不保养衰老1年，1年不保养10年补不回。如果您需要慢慢考虑。没关系，先买单，在家一边护理一边考虑，等护理效果有了，您就啥顾虑也没有了。"（果断替顾客做决定）

话术范例二

🙍 卖手："亲，我理解您的心情。很多顾客在决定前都会有些犹豫，这很正常，我知道您在犹豫什么，女孩子答应男朋友求婚，需要一份生死不渝的爱情契约。选择颜值伴侣，您也需要我有'三生三世十里桃花'的颜值承诺吧！您放心，无论您来还是不来，我都在这里。把您的容颜放在我手里，我必会为您的颜值一辈子负责到底。"

话术范例三

🙍 卖手："美女，考虑越多，皱纹越多噢（直击顾客的痛点）！如果是买房、买车、买股票、结婚这样的大事情，的的确确需要考虑周详。不过买化妆品对女生来说是再普通不过的小事了，喜欢就买，好用就要，分分钟自己决定。今天既然产品合适，体验效果好，您更不是消费不起，该出手时就出手，何必为考虑多添一道皱纹呢？爱考虑的女人老得快。与其花时间给自己制造压力，还不如干脆决定，今晚就能享受它带给您的肌肤年轻态和颜值魅力！"

方法技巧

帮助顾客迅速决定的技巧：

1. 晓之以理："这款产品的品质、效果和价位，都非常适合您。"

2. 动之以情："买化妆品这种小事，您自己分分钟就决定了。"

3. 胁之以灾："美女，考虑越多，皱纹越多噢！"

举一反三

顾客决定购买化妆品前会考虑哪些情况？她们真的需要深思熟虑才能做出决定吗？

1. _____
2. _____
3. _____

请围绕"考虑越多，皱纹越多"这个观点答案，设计你的成交话术，至少 3 句。

1. _____
2. _____
3. _____

情景66
一下子花那么多钱，是不是太冲动

常见应对

1. 美女，该出手时就出手！
   （过于突兀，有点不搭调）
2. 钱就是用来花的，花完了再赚呗！
   （大白话，稍稍糙了点，讲究的女性会不快）
3. 冲动好啊，最起码您有这个资本！
   （有促成购买的力量，除非对方是深思熟虑型的）

引导策略

"冲动是魔鬼！"女性天生爱冲动，女性天生也害怕冲动。在她们决定购买的瞬间，她们会有获得的快感，但她们内心还会闪过一丝疯狂购物的愧疚感。与其说她们在询问卖手，还不如说她们是在和自己"剁手"的欲望较劲。"羽毛压死骆驼"，只要再增加一点点冲动的力量，哪怕只有一根羽毛，也会瞬间把她们理性的抗拒压垮。

这根羽毛，可以是物质的，如额外的礼品和优惠；也可以是精神的，如卖手情感的拥抱。一句简短的赞叹、一个羡慕的眼神、一个微笑、一个肯定都能转化为"压死骆驼"的力量。卖手只需制造一个让对方上头的理由，如"女人天生是来美丽的""你像花儿一样绽放""你本来就很美""你拥有全世界独一无二的美丽"……这样的语言力量，没有哪位女性能抗拒。

话术范例

话术范例一

卖手："对啊，冲动是女生的权利，想买就买是实力！都说'先下手为强，后下手遭殃'。好看的衣服、好看的包包、好用的化妆品，嗯，还有好看的小哥哥，看上了，当然要赶快下手；不下手，就是别家小姐姐的啦。"

话术范例二

卖手："嘿嘿，亲，我男朋友也常常说我是冲动体质，只要是好看的，能让自己变美的，就是各种买买买！没办法，这是一个靠抢的时代，好看的衣服要抢，好看的包包要抢，好看的小哥哥也要抢……亲，遇上这么出色的品牌，这么出色的产品，冲动就对了，冲动的惩罚就是会让自己更美，还会让男朋友更爱你。哈哈，再不冲动，就老了！我就喜欢你的冲动……亲，这边扫码吧。"

话术范例三

卖手："美女，女人什么时候最美？不是精心打扮晒朋友圈的时候，而是自己赚钱自己花、想买就买、想刷就刷的时候。什么是女神？就是您这样的，貌美如花、有钱花、随便花、尽管花。您一冲动，特别好看。您一冲动，产品是您的，赠品是您的，颜值是您的，连我也是您的。从这一刻开始起，我就是您的私人颜值顾问啦，我会为您这样有个性、精致、有范的女神精心服务的。您是我的偶像，我也要向您看齐，希望有一天我也能够像您这样洒脱、自如。美女，刷卡机在这里，您请在这边冲动吧！"

方法技巧

说服顾客冲动购买的技巧：

1. 强调事实："冲动是权利，想买就买是实力。"
2. 塑造激情："亲，再不冲动就老啦。"
3. 创造价值："冲动的惩罚就是让自己更美。"
4. 激发行动："您一冲动，产品、礼品、颜值，还有我，统统是您的。"

举一反三

你如何理解"越花越有，越有越花"这句话？

1. _____
2. _____
3. _____

你能让一位超级理性的女性冲动地购买产品吗？请用实例说明。

1. _____
2. _____
3. _____

情景67
等一下，我还想再到其他店看一看

常见应对

1. 其他店产品哪有我们齐？品牌哪有我们强？
   （贬低对手，没有气度）
2. 不用比啦，肯定是我们家最好啦！
   （王婆卖瓜，自卖自夸）
3. 哎呀，才几十块钱的口红，也要货比三家吗？
   （贬低顾客，容易引发争吵）

引导策略

常言道，"货比三家不吃亏"。顾客对初次接触的门店和初次了解的产品进行比较实属正常。她们不仅会在各实体门店之间比较，甚至还会上网攻略，比品、比价，做出最有利于自己的选择。而美容化妆品的购买往往是冲动和即时性的，如放任顾客比较，难免为他人作嫁衣，而放任顾客离开，顾客会"黄鹤一去不复返"。

卖手当然不能轻易放任顾客离开。在立场上，卖手必须坚信自己的产品能给顾客带来最大的价值。在思维上，明确告诉顾客，合适的产品如恋爱一样，可遇不可求；女人最宝贵的时间应该放在享受而不是花在比较上。在行为上，如果卖手能做出买贵补差价的承诺，就是征服顾客最硬核的"武器"。

话术范例

话术范例一

卖手："亲，您是第一次到我们店，所以想多比较再决定，我完全理解。我不反对您去比较，只是我们品牌有独特定位，配方和专利技术独一无二，产品功效和普通日化产品有明确区别，产品没有相似性，也没有可比性。虽然货比三家不吃亏，但浪费时间，会延误您改善肌肤的良机。生命中最美的是一见钟情，亲，在颜值呵护上，我们也是一见钟情，产品合适、价格合适、体验合适，我也很合适。亲，遇上您是我的缘，未来可期，美丽可期！"

话术范例二

卖手："小姐姐，现在化妆品品牌多，门店更多，比来比去不仅浪费时间，还容易挑花眼。护肤关键是选对产品，我推荐的产品完全能满足您全面护理的需要。俗话说'美丽不等人'，女人最宝贵的是青春，最好的时间应该花在享受美丽而不是浪费在比较上。您如果真要比，就在小红书、大众点评搜索一下我们店，看看五星级好评和点赞、打卡是不是非常多？您看这不就货比三家了吗？不用怀疑，我们就是您的真爱。"

话术范例三

卖手："姐，您是给我出了一道难题，答得好，送分，答不好，送命哦。希望我的回答能令您满意。为什么要选择××？第一，产品，您的亲身体验已经证明了产品效果。第二，价格，我们有贵族品质，亲民价格，超高性价比。第三，品牌，百年国民品牌，国货之光。第四，口碑，我们店经营10年，口碑好、老顾客多。第五，为什么要现在买，额外给您申请了VIP尊享，超级划算。这五个硬核理由能打动姐吗？如果姐满意，马上刷卡，如果姐还要比，我给姐再加最后一个保证，同品牌、同款产品比本市任何实体店贵，我们双倍补差价。姐，您是刷卡还是现金？"

方法技巧

处理顾客要去其他店比较的技巧：

1. 情绪上："姐，我理解您货比三家的想法。"
2. 立场上："姐，产品合适、体验合适、价格合适，我也很合适。"
3. 思想上："女人最好的时间应该花在享受美丽而不是比较上。"
4. 承诺上："姐，买贵我们双倍退差价。"
5. 促成购买上："姐，您是刷卡还是现金？"

举一反三

为什么顾客会有货比三家的想法？她们的心理状况如何？

1. _____
2. _____
3. _____

顾客发现网络上有门店或产品的负面评价，你该如何解释与处理？

1. _____
2. _____
3. _____

情景68
顾客在其他店对比后再次进店

常见应对

1. 哈哈，我就说您一定会回来的。
   （顾客觉得被调侃，有可能会再次离开）
2. 怎么样，比来比去还是我们家产品最好吧！
   （过于自负，会让顾客反感）
3. 浪费那么多时间，您要是上次就买，现在已经有很好的护理效果了。
   （你不尴尬，尴尬的是顾客）

引导策略

意不意外，惊不惊喜？顾客啥也没买离开后还能再次进店。这是走丢的羊自己回家，当然值得庆幸！这足以证明门店或品牌在某方面有绝对优势，可以令顾客放弃面子，二次回转。为了避免尴尬，这类顾客再次进店，会摆出一副只是回来看看，还不一定买的神情，以掩饰内心的不自在。她们并不希望自己想要的意图被看穿，使自己处于被动状态。

顾客再次进店，固然有比第一次进店大得多的成交概率。能否成交，最终还是取决于卖手再次接待的技巧。卖手态度上要淡定，对顾客的尴尬或表现出的无所谓应视而不见。可以如同第一次进店的顾客那样给予正常接待，情绪上可以更热情些，像消除误会、重新复合的恋人一样，既不需要居高临下，也不要如"舔狗"一般，二次牵手需要在更亲切、更放松的状态下渐入佳境。

话术范例

话术范例一

卖手："哇,美女,这是要过圣诞节了吗?您就是我的圣诞礼物哦!您先坐一坐,喝杯水,再慢慢告诉我,您去了哪些店,看了什么品牌?您介绍介绍,让我有机会学习别人的长处,可以更好、更到位地服务您!"
(以退为进,让顾客有面子)

话术范例二

卖手："亲,都说'一回生,两回熟'。亲回来,我就当您是好朋友了,请您告诉我,接下来我该怎么做,才能够让您对产品更放心,对服务更满意,对品牌更信任?无论您提什么要求,我一定会做得更好,我会用实力证明我们才是您的真爱。至于买不买,大浪淘沙始见金。亲都全面了解过了,心中有数,您自己拿主意。"

话术范例三

卖手："'众里寻他千百度,蓦然回首,那人却在灯火阑珊处。'姐,欢迎回来。还是继续了解上次挑选的这款胶原蛋白套盒吧?说实话,这套产品真是非您莫属,用它日常护理,至少能帮助您年轻5岁!不过有点小遗憾,现在这套产品已经不能帮您年轻5岁了,最多只有4岁11个月零25天了,因为您多花了5天时间比较(以轻松幽默的方式调节气氛)。但不管您什么时候选我们,都是美丽的开始,都不会后悔。这和女生恋爱一样,纵然阅人无数,终须'择一城终老,遇一人白首',希望我们店能成为您选择颜值伴侣的'这一城',我能成为您颜值呵护的'这一人'!"

方法技巧

对比其他店再次进店顾客的促成购买技巧:

1. 欢迎:"欢迎回来,您是我的圣诞节礼物。"

2. 认同:"货比三家不吃亏,您比得放心,才能买得安心。"
3. 价值:"不管什么时候选我们,都是美丽的开始。"
4. 促成购买:"我会用实力证明,我们才是您的真爱。"

举一反三

顾客为什么到别的店对比后还会二次进店?此时她们心理状况如何?

1. _____
2. _____
3. _____

你应该怎么做,才能让二次进店的顾客百分之百成交?

1. _____
2. _____
3. _____

情景69
顾客买单后如何进行关联销售

常见应对

1. 谢谢,还需要再选点别的产品吗?
   (漫无目的,效果为零)
2. 口红有上新,您需要试一下妆面效果吗?
   (没有产品之间的关联性,顾客会直接拒绝)
3. 夏天阳光毒,姐需要再带支防晒霜吗?
   (有一定的关联和技巧,如能全面掌握顾客信息,效果会更好)

引导策略

关联销售是指在顾客购买后,卖手根据顾客购买能力及需求满足度,向对方提出关联产品或配套产品的购买建议,从而创造再次销售的机会,扩大顾客的购买量。这并非割顾客的"韭菜",而是帮助顾客更快、更多、更好地实现美丽梦想,这是"利他"思维的实践和延伸,在顾客接受的前提下,这是助人利己的最佳做法。

要做好关联销售,首先取决于门店商品的丰富程度,能够满足顾客从护肤到美容的全方位颜值需求。其次,还依赖卖手在销售过程中建立的专业性和权威性。卖手出色的推荐技巧和产品之间的关联性是必不可少的。门店气氛和团队配合也极其重要。打铁要趁热,卖手能再次激发顾客的美丽梦想,全面唤醒顾客颜值蜕变的自信,才是实现关联销售的重中之重。

话术范例

话术范例一

卖手："小姐姐，黄褐斑和内分泌有很大关系，要彻底祛除黄褐斑，最好内外结合，标本兼治。这款口服维生素，被誉为内服的美容专家，能快速补充人体维生素和微量元素，对消除褐斑、光洁皮肤、保持肌肤弹性有特别功效，短期服用美容养颜，长期服用还能延缓衰老。我建议您也配一瓶，与购买的祛斑霜搭配使用，内服外调，既淡斑又抗衰，确保双重效果！"（产品关联法）

话术范例二

卖手："亲，这是您今天选的产品，请清点（先完成开单和收银动作再进行关联销售）。马上夏天了，天气会越来越炎热，阳光也越来越毒，护肤重点要从补水转到防晒。防晒不当，外出容易被晒伤，长期被紫外线直射还有可能引发皮肤癌……现在开始做防晒保护，正是时候，前面您提到还没有购买防晒霜，需要我为您介绍一下防晒霜吗？"（气候关联法）

话术范例三

卖手："美女，这是您的美白套装，请收好。有一个好消息分享给您，马上就圣诞、元旦了，我们店刚到一款新春彩妆套盒。像您这样的美女，双节期间肯定约会多多、活动多多，特别需要一款商务妆和宴会妆效果俱佳的彩妆产品。这款彩妆套盒就非常合适，产品齐全，眼影、唇彩、眼线笔和眼影刷都配齐。还有超级礼品赠送，一个非常精致的进口化妆箱，够高级，居家放置或外出携带都方便，特有范儿。彩妆套盒、化妆箱，我一起拿给您选吧。"（利益关联法）

方法技巧

关联销售的方法:

1. 产品关联法:洗面奶和润肤水通常要配套使用,顾客购买一种,即可推荐另一种。

2. 情景关联法:新品上市、促销品、特价品、季节性产品均可作为关联推荐突破口。

3. 利益关联法:利用额外利益促进顾客购买,如会员卡推荐、积分计划等。

4. 权威关联法:利用有影响力的第三方,如请店长进行专业护理指导就是其中一种。

举一反三

向顾客进行关联销售的价值和意义是什么?这算不算是宰客?

1. _____
2. _____
3. _____

按照门店产品构成,进行各类产品的关联或组合的搭配练习,直到熟练为止。

1. _____
2. _____
3. _____

情景70
引导顾客办理 VIP 会员卡

常见应对

1. 亲，要办张门店的会员卡吗？
   （生硬推荐，顾客会直接拒绝）
2. 会员有8.8折优惠，您办一张吗？
   （会员卡变成打折卡，顾客无法享有尊贵感）
3. 差100元就可以办理钻石会员了，您再选点什么？
   （没有塑造会员价值，顾客会无动于衷）

引导策略

为了稳定客源，提升老顾客忠诚度，大多数门店都会设计会员系统。使用门店小程序，顾客可以便捷完成注册，获取礼包，享受福利。对于采取会员制销售的超级门店来说，会员资格和会员级别往往成了尊贵身份的体现。即便是初次购买的顾客，在感受到门店水准和档次给她们带来的超值服务和价值感后，她们都会欣然接受门店给予的身份荣誉感。

对于首次进店的顾客，无论对方是否购买，卖手可以先推荐入门会员，建立初步连接。随着时间延伸，顾客对门店的信任度与日俱增，购买量增加，会员级别也会不断提升，从入门会员到高级会员、钻石会员，一步步培养客情。年终大促时，向这些已建立信任感和有消费力的顾客推荐更高级别的会员卡（充值卡），是门店收现的重要手段之一。

话术范例

话术范例一

卖手： "亲，您是第一次来，属于我们的美丽缘分就从这一刻开始了。我诚意邀请您成为门店会员，您在这里扫码关注就可以了，我们的会员惊喜连连，福利不断。第一项，新人福利，免费领取1314元会员礼包，立刻领取立刻抵用。第二项，积分福利，消费自动累计积分，年底积分换购产品。第三项，会员日，每周三会员日购物额外8.8折、双倍积分。第四项，商城福利，线上商城特惠家居在线下单，同城急送快递，12小时送达，方便得不要不要的。第五项……好的，亲，您注册成功，点一下这里，新人福利马上到账……"（入门级会员推荐）

话术范例二

卖手： "姐，面霜价格188元，您刷卡还是扫码？有一个很棒的方式可以让您少花钱，享福利。您申请门店钻石会员，年费199元，开卡即送300元，100元现金券送3张，购物满300元抵用1张，一年有效。钻石会员购物享受8.8折，每月再送19.9元产品现金券1张，送满10个月为止，等于199元全额返还。姐，您今天办卡，这瓶面霜打8.8折，省20元再抵19.9元，一共少花40元，实在太划算了。钻石卡共有18项超级福利。还有，办钻石卡，马上送198元进口口红一支，额外多得的。姐，我们敢送，您敢要吗？"（付费会员推荐）

话术范例三

卖手： "姐，您选购了三件产品，总计1118元。非常荣幸为尊贵的女神姐姐服务。有一个超级福利分享给您，一次性预存1999元，成为至尊会员，服务升级、福利升级、尊贵升级。福利一，送300元，卡内总消费金额变成2299元。福利二，正价产品8.8折，相当于折上折。福利三，生日当月尊享5折购物一次。福利四，至尊会员本人送面部补水护理6次，单次198元。福利五，送闺密卡3张，每张价值399元，让好闺密也能享受门店福利,她们消费您有积分奖励,有面子还有里子。最大惊喜来了,办卡即送国际大牌限量版香水1瓶,价值588元。姐,只需按您今天消费多存几百,26项尊享触手可及。姐,这份超级福利您不会拒绝吧。您是刷卡还是现金?"(至尊会员推荐)

方法技巧

促使顾客成为VIP顾客的方法:

1. 直接开口法:"小姐姐,请在这里扫码,注册会员。"
2. 利益促成法:"成为门店会员,18项超级福利等着您。"
3. 情感促成法:"您是女神级贵宾,能够为您服务是我的荣幸。"
4. 动作促成法:"这是您的会员卡和会员礼品,已经为您准备好了。"

举一反三

请详细描述门店会员体系,并说明它为何如此设计?其底层逻辑是什么?

1. _____
2. _____
3. _____

为至尊会员提供那么多的权益和福利,门店是亏了还是赚了?为什么?

1. _____
2. _____
3. _____

8 售后服务实战情景训练

把产品卖给顾客并不是销售的结束，而是下一次销售的开始。持续向顾客提供高水准的售后服务，不仅是维持彼此良好关系的基石，更是提高顾客忠诚度的不二法门。卓越的售后服务不仅会给门店带来一流的顾客，还能给门店带来源源不断的新客源。

情景71
如何为顾客开单与收银

常见应对

1. 一共是××元,谢谢!
   (平淡,顾客没有特别的感觉)
2. 您是现金还是刷卡?
   (程序化,没有让顾客感受到购买和拥有的快乐)
3. 这是找您的零钱,请收好。
   (没有提醒顾客核对,违反了唱付的原则)

引导策略

开单和收银代表销售达成,也代表钱与货之间交换完成。顾客获得了满意的产品和服务,离"颜值拯救世界"的梦想又前进了一大步;卖手收获了顾客的认同和信任;门店则收获了销售业绩与口碑。门店、顾客和卖手彼此之间实现了共赢。

到位的收银工作,并非程序化的机械操作,而是温暖和情感的传递。卖手在为顾客提供收款、包装服务时必须实现内外一致。所谓"外",是指唱收唱付、双手呈递产品等服务规范执行到位。所谓"内",是指卖手发自内心地为顾客感到喜悦,向顾客送出美丽的祝福,让温暖在彼此心间及整个门店之间流淌。

话术范例

话术范例一

卖手："王姐,您今天购买××套盒一套、××面膜3盒,合计1178元。您是金卡会员,享受8.8折优惠,应收1036.64元,免零0.64元,实收1036元,您是现金还是扫码?"(大声唱单,活跃气氛)

顾客："我付现金。"

卖手："好的,收您1100元,谢谢。"(唱收能够避免产生金额混淆)

卖手："姐,这是找您的现金64元,请清点!这是收银小票和产品使用说明,您注意保管,有空阅读哦。"(唱付,提醒顾客核对找零和小票)

顾客："好的。"

卖手："姐,产品已经替您包装好了(双手呈递给顾客),您清点一下,再次感谢您对我们的支持,祝您每一天、美一天!"(对顾客真挚祝福)

话术范例二

卖手："亲,焕颜活肤套装售价人民币×××元,您现金还是刷卡?"

顾客："信用卡吧,给!"

卖手："好的,这是××行的,请问是否需要密码?"

顾客："需要……"

卖手："亲,请输密码……好的,刷卡成功,请在这里签名(仔细核对顾客签名,避免错误)。这是银联底单和收银小票,请收好。亲,我在包装袋里放了几份宣传单,有最新夏季皮肤保养知识和产品优惠券,您下次购物可以使用,也可以送给有需要的朋友,谢谢您!"(对门店宣传单

进行说明)

话术范例三

卖手："姐，一共是人民币×××元，您是现金、信用卡还是扫码？"

顾客："都可以！"

卖手："姐，我推荐您扫码支付，支付完成立刻抢现金红包，秒到。您在这边扫码……"

方法技巧

开单与收银的基本技巧：

1. 唱收唱付，品名、数量、金额报清楚。
2. 先开票后收款，接递物品使用双手。
3. 提醒顾客核对找零和收好票据。
4. 将门店介绍卡或宣传单放在产品包装袋内。
5. 整个过程注视顾客，保持真诚微笑。

举一反三

门店收款、包装的标准作业程序是怎么样的？你能在工作中执行到位吗？

1. _____
2. _____
3. _____

为什么要在顾客产品包装袋中放置门店宣传资料？这有什么作用和价值？

1. _____
2. _____
3. _____

情景72
成交顾客的情绪释放

常见应对

1. 美女，别忙着照镜子了，先买单吧！
   （打断顾客的想象，会产生反作用）
2. 谢谢，我帮您把产品包好！
   （没有进一步释放顾客的内在快乐和满足感）
3. 使用满意，请向姐妹推荐哦！
   （过早提出转介绍的要求，会削弱顾客的兴奋度）

引导策略

很多时候，女性购买化妆品不仅是为了产品，还为了享受购买这种行为本身的乐趣。他人的羡慕和赞叹、获得的拥有感，这种瞬间满足感是女性消费的原动力，也是卖手创造顾客独特体验的重要手段。顾客拿到产品的瞬间，其情绪的满足与释放甚至要比产品实际使用还更令人迷恋。尽管这种满足感稍纵即逝，卖手依然可以将其放大和延长。

卖手对顾客情绪价值的释放能力，决定了顾客购物的最终体验高峰值。卖手恰到好处的赞美能让对方瞬间进入画面，尽量让顾客在这种自我想象和自我满足的画面中再"飞一会儿"。这是打造门店与众不同的标签，令顾客不知不觉爱上这种感觉，不断回头购买的最大秘密。这种独特的体验感离不开卖手用心的创造和设计。

话术范例

话术范例一

卖手："亲，您对这款口红真是一见钟情啊。那么多口红，您一眼就挑中了它，它也完全对得起您的欢喜，试用效果如此出色，烈焰红唇，性感，迷死人了。在我的眼中，它就是为您量身定制的，是您选中了它，还是它选中了您？……"

话术范例二

卖手："哇，亲，您真是独具慧眼，那么多套盒只选中了这款水氧焕肤套盒。它肯定对得起张您这张脸。它的焕颜效果至少可以让您年轻10岁，要是好姐妹妒忌您皮肤越变越好，千万不要告诉她们，是水氧焕肤套盒惹的祸哦。"

话术范例三

卖手："小姐姐，太惊艳了，简直就像换了张脸，您这皮肤水得让我又羡慕又妒忌，都不知道您是天生皮肤好还是产品焕颜效果到家，这种容光焕发的感觉真心是什么化妆大师都化不出来的，什么高级的美颜手机都拍不出来的。我敢和您打个赌，就算您现在素颜走到街上，也肯定会有小哥哥对您吹口哨的。"

话术范例四

卖手："天，真是太美了！简直是浪姐驾到。没有想到粉底、口红、眼影这几款最普通的彩妆在您脸上有那么神奇的效果。我都分不清是您天生皮肤好，容易上妆，还是您产品选得好，太让人羡慕了。您完全可以为我们品牌代言了！我想您离开的时候是不是得安排个保镖，我怕有帅哥为看明星而撞电线杆哦。"（把顾客比喻为品牌代言人，当然有好的效果了）

方法技巧

成交后顾客心理引导的技巧：

1. 哇，真是太美了！
2. 您的笑容超越四大美女。
3. 我肯定您走在街上帅哥回头率百分之百。
4. 您就是我们的形象代言人。

举一反三

为什么顾客成交后，要让她在自我想象的画面里再"飞一会儿"？这样做有什么好处？

1. _____
2. _____
3. _____

对顾客成交后的心理引导要注意哪些事项？尤其不能忽略的细节有哪些？

1. _____
2. _____
3. _____

情景73
如何对顾客进行产品使用指导

常见应对

1. 这是您选的修复套盒，祝您使用愉快。
   （忽略了对顾客进行使用指导）
2. 亲，请按说明书规范使用产品哦。
   （说明书有用，要卖手做什么）
3. 您的皮肤容易过敏，使用时要特别注意。
   （只有提醒，没有展开详细指导）

引导策略

美容化妆品的使用效果与使用方式有极大关联，"选对"和"用对"休戚相关。尤其是功效类产品，如果疏于正确使用指导，顾客购买后随意使用，难免使用效果不佳甚至产生不良反应，引发投诉与纠纷。卖手能否在顾客购买后，主动、积极提供产品使用指导和注意事项说明，充分体现了卖手的专业水准与服务水平。

指导顾客"用对"，切忌对着产品手册照本宣科。卖手需要专业和责任并重，耐心和细心并存，向顾客清晰指导使用程序与方法，重点事项注意确认，不要怕顾客不耐烦。特殊产品和重要顾客，需留下对方电话、微信，定期对顾客使用情况和效果进行跟进和回访是提升顾客黏度、创造顾客持续购买的不二法门。

话术范例

话术范例一

卖手："姐，防晒霜的效果和正确使用有很大关系，我向您介绍一下使用重点：夏季出门前半小时提前使用，第一步做好清洁工作，第二步仔细涂抹，所有裸露在外的皮肤都要涂抹均匀。如果长时间在户外，每隔两小时要补一次，大量出汗或户外游泳前都要及时补涂。这样您就能最大限度获得防晒保护，再也不用担心因暴晒而使皮肤受损了。"

话术范例二

卖手："亲爱的，这款多肽修复因子的祛痘效果很给力。使用前先做好面部清洁工作，把溶酶液倒入冻干粉末瓶中，轻轻摇晃均匀，等完全溶解再用指腹取适量产品均匀涂抹在感染部位。第一周每天早或晚使用1次，第二周皮肤适应后逐步增加到每天使用2到3次。特别提醒，刚开始使用可能会感到皮肤干燥、脱皮、发红或轻微刺痛，这是好转反应，不用担心，可减为2天使用一次，待反应消失后再恢复正常使用就可以了。粉刺消除后最好继续使用一周，巩固疗效。另外，注意休息，适当补充维生素，多吃新鲜水果、蔬菜，祛痘效果会更佳。"

话术范例三

卖手："美女，石墨烯面膜使用方法比较特殊。石墨烯面膜是干的，使用前需要将面膜取出放在配套面膜盘里，倒入25ml纯净水，浸泡5秒，面膜湿透后，直接敷于脸上即可。如果感到脸上个别地方有轻微刺痛感，不用担心，这是皮肤缺水导致的，两三分钟后当面部吸收了水分和营养成分时，刺痛感就会消失。敷够15分钟，用温水将脸清洗干净，用洁面棉吸干，可以感受到毛孔收缩和黑头吸出，这就是石墨烯面膜的出色效果。特别提醒，虽然石墨烯面膜效果好，但也不能频繁使用，每周使用不超过3次。最后一点，您是油性皮肤，使用前需要用清洁力强的洗面奶和润肤水彻底清洁哦。"

方法技巧

化妆品使用指导的技巧：

1. 逐一说明产品使用方式。
2. 告知顾客使用注意事项。
3. 提醒使用后会出现的反应。
4. 强调重点并与顾客确认。
5. 强调产品效果，让顾客有信心。

举一反三

卖手需要具备哪些能力和技巧才能做好化妆品使用指导这项服务？

1. _____
2. _____
3. _____

顾客说"不用介绍了，我自己会看说明书的"，你该如何处理与回应？

1. _____
2. _____
3. _____

情景74
请顾客留下个人资料，对方不配合

常见应对

1. 小姐姐，方便留下您的个人资料吗？
   （顾客不仅不方便，可能还会有所顾忌）
2. 您是会员，需要登记身份证和个人资料。
   （说得不明白，即使是会员，顾客也会反感）
3. 美女，想定期得到《美丽在线》，请留一下个人资料。
   （给出了一定的利益，顾客同意与否在两可之间）

引导策略

销售完成，留下顾客的个人资料也是卖手的工作职责。这是门店有效管理顾客、维护客情必要的手段，极其重要。但对于顾客而言，这并不是一件必要的事，大多数顾客不愿意留下个人资料，除了嫌麻烦之外，还担心会被门店骚扰，害怕个人隐私外泄，这是顾客对于自身安全防范的自然反应。

要消除顾客的自身安全顾虑，卖手应先做出资料安全的承诺，再说清楚登记资料能给顾客的好处，如通知促销、新品信息、消费积分、生日礼品等，顾客的安全感和价值感会同时提升。如果门店重视数字化建设，导入门店小程序，整个登记过程，顾客可以通过手机操作，动动手指，一键生成，门店数字化工具使得数据的采集方便、智能，减少烦琐的手续，顾客的抗拒自然可以减少。

话术范例

话术范例一

卖手："小姐姐，如果填写麻烦，您说我填。您只需要留姓名、手机号码、生日信息就可以了，非常简单，1分钟就轻松搞定，比口红补个色还快！完成登记，我们的售后服务就可以跟上，请问您贵姓？"（为怕麻烦的顾客主动填写信息）

话术范例二

卖手："姐，请放心，您的个人资料会很安全。我们有严格规定，所有顾客资料都必须保密，绝对禁止外泄。我们不会随意骚扰您，新品、促销、美容沙龙这些活动信息，短信通知，不会给您造成不便。您还可以标注不接电话、信息的时段，安全和被骚扰的问题完全不用担心。还能更简单，您直接扫这个二维码，加入会员社群，活动信息、线上秒杀、线下抢购，各种优惠一个不少，还有现金红包、打卡有礼、新品体验券、现金抵用券，福利多多等您抢。"（安全感和价值感双管齐下）

话术范例三

卖手："亲，您购买金额大，购买档次高，选择产品到位，是贵宾级顾客。我们希望为您提供更尊贵的个性化服务，麻烦您留一下姓名、电话和生日，我们免费为您建一个皮肤管理档案，我们经常会邀请美容专家举办线下沙龙，为高端顾客提供一对一个人护理方案。有新品、促销、店庆、会员特惠活动时，我们可以第一时间通知您。您生日当月凭门店生日祝福短信，可到店里领取精美生日礼品，享受生日5折购物尊享。您再留个详细收件地址，每季度会员刊物《美丽在线》会准时送达。亲，您说我填，您的尊姓大名是？"（充分说明顾客获得的好处，顾客就不容易拒绝了）

方法技巧

要求顾客留下个人资料的技巧：

1. 简单性："您只要留姓名、电话和生日信息就可以了。"
2. 安全性："您放心，您的资料我们会严格保护，绝不外泄。"
3. 利益性："有促销活动和美容沙龙的时候，我们可以及时通知您。"
4. 便利性："扫码加入会员社群，红包、打卡、免费体验券，一样都不少。"

举一反三

门店VIP顾客资料的登记和管理有明确规定吗？是否还有可改进之处？

1. _____
2. _____
3. _____

门店有小程序和会员社群吗？如果没有，你会怎么做？

1. _____
2. _____
3. _____

情景75
如何请求老顾客转介绍新顾客

常见应对

1. 亲,请向小姐妹推荐我们品牌哦。
   (随意性较大,顾客不会放在心上)
2. 姐,能为我们介绍一些新顾客吗?
   (直接开口,少了温度和铺垫)
3. 张小姐,下次和小姐妹们一起来哦。
   (没有强有力的诱因,顾客不愿意配合)

引导策略

请老顾客介绍新顾客,也是卖手的基本职责之一。转介绍能给门店创造更多客源。成功的转介绍需要门店有一流的产品、一流的服务以及一流的使用效果。成功的转介绍是建立在客情之上的,客情到位,大多数老顾客都会乐意帮卖手这个忙。而客情的建立,则取决于卖手是否发自内心地把顾客视为贵人。

请顾客转介绍,一是需要合适的理由,新品上市、门店促销都是很好的时机点。二是需要合适的工具,门店宣传单、介绍卡,门店小程序、会员社群都是很不错的转介绍工具。三是需要合适的激励,帮忙是人情,不帮忙是道理,足够的利益才能驱动对方的行动。一个设计精彩的转介绍方案,能在最短时间内让门店新客获得爆炸式增长。

话术范例

话术范例一

卖手："小姐姐，对女生来说，好姐妹彼此分享美容护肤经验是再正常不过的事了。如果您对产品满意，对我的服务满意，请您帮忙向同事、闺密推荐一下我们店，推荐一下我。您的一分信任，是我的十分责任，百分努力，千分回报，谢谢您。"（情感诉求法）

话术范例二

卖手："张姐，这是门店为VIP顾客设计的闺密请客卡，每张价值598元，我出钱，您请客。送给闺密三大福利，第一，面部皮肤检测1次，价值139元；第二，面部清洁补水护理1次，价值159元；第三，现金抵用券300元，每次购物满300元可立抵100元。送给闺密，您有面子；闺密消费，您有等额积分送，您有里子。每位超级VIP仅限免费领取3张，您先做个登记，我把闺密卡拿给您。一定要送给好闺密，千万别浪费了。"（闺密请客卡法）

话术范例三

卖手："美女，您闺密多，爱分享。好消息来了，这是门店新推的'美丽爱分享活动'，邀请5位闺密来门店购物，不论消费多少，您都能获得这套398元夏日清爽洗发产品，还有闺密消费等值积分送，您自己邀请或登记名字我们邀请都可以。分享越多，快乐越多，美丽也越多。"（活动法）

话术范例四

卖手："姐，在这里扫二维码，关注门店小程序，随时获得最新护肤、新品、促销信息。消费自动累计积分，消费越多，尊享越多。还可以给好姐妹一键发送电子优惠券，姐妹消费有优惠，您有积分和礼物，分享越多，福利越多。这个小程序自用省钱，分享赚钱，会员资格全国百城千店通用，您异地出差、旅游，在任何连锁门店，优惠积分都同享同用，方便得不要不要的。"（小程序法）

方法技巧

使用转介绍技术的方法：

1. 直接开口法：直接向顾客提出转介绍要求。
2. 利益法：利用礼品，额外积分吸引老顾客转介绍。
3. 情感诉求法：走心，以情感人，感谢对方的热心，乐于助人。
4. 贵宾卡法：设计介绍卡、宣传单、闺密请客卡，邀请顾客转介绍。
5. 活动法：设计裂变活动吸引老顾客转介绍，增强门店集客力。
6. 小程序法：邀请顾客扫码，成为门店会员，自动裂变。

举一反三

什么情况下顾客乐意做转介绍？适合的话术有哪些？

1. _____
2. _____
3. _____

门店有顾客转介绍奖励机制吗？如果没有，你会如何设计？

1. _____
2. _____
3. _____

情景76
顾客离开时该如何相送

常见应对

1. 谢谢光临，欢迎下次再来！
   （过于程序化，缺乏服务温度）
2. 张小姐，下周有新品，到时候过来看看啊！
   （略显随意，顾客再来的动力不足一半）
3. 姐，带好随身物品，欢迎下次光临！
   （只有送客，没有再次邀约）

引导策略

顾客送别是门店销售的最后环节。温暖的送别可以让顾客带走愉快的心情，留下对门店的美好印象。门店经营的最高境界是生生不息，顾客不断回头，同时源源不断介绍新顾客，新顾客持续介绍更多的新顾客。要达到生生不息的经营境界，送别的"走心"就非常重要。送客并非销售的结束，而是下一个销售循环的开始。

送别顾客，无论对方是否消费，眼里要有光，脸上要有笑容，口中要有祝福，心中要有希望。顾客离开时，门店小伙伴统一、协调的送客语会演奏出门店最动听的旋律。卖手亲自将顾客送至门口，邀请顾客再次回来，带着微笑目送对方离开。顾客感受到我们的温度，她们会深受感动，她们很快会回来，并且会带上她们的好姐妹。

话术范例

话术范例一

卖手："姐,谢谢您的关照,虽然今天服务时间短,但是我已经深深感受到姐的亲切和温暖,很高兴为姐服务,希望本次服务能令姐满意。我是双儿,工号是05,下次回来姐记得找我(为个人"种草",留下印象)。祝您购物愉快,使用更美丽。姐,我们下次见!"(将顾客送至店门口,目送其离开)

话术范例二

卖手:"张小姐,这个月18日是我们门店5周年庆,会推出一系列顾客真情回馈活动,进店有礼、购物有礼、买满即送、会员赠送、积分兑换、缤纷抽奖……优惠多多,福利多多!您记得和小姐妹们一起来参加活动哦。美丽有您,幸运有您,我为您预留一份精美礼品!"(为活动"种草",创造顾客回头的理由)

话术范例三

卖手:"亲,虽然您今天没消费,还是请您记住我们店,这是门店公众号,您关注一下,随时了解门店的各种上新福利。还请您也记住我,这是我的微信,亲有任何美容化妆的需求随时呼我。三生三世十里桃花,无论您来还是不来,我都在等您,不离不弃!"(即使顾客没有购买,也要创造链接)

话术范例四

卖手:"林姐,感谢您今天成为我们最尊贵的钻石会员,我和小伙伴一起向您表示最真诚的感谢,谢谢您对我们的支持和关照!请把我们的微笑和祝福带回家,林姐,祝您'今年20,明年18'。这里是您的美丽加油站,桃花朵朵开,我在这里等着您回来。"(VIP顾客送别)

方法技巧

送顾客离店的技巧：

1. 购买顾客："谢谢关照，××是您的美丽加油站。"
2. 未购买顾客："无论您来还是不来，我都在这里，不离不弃。"
3. 老顾客："周六和闺密逛街时，记得来看我，我会想您的。"
4. VIP 顾客："祝您今年 20，明年 18。"

举一反三

为什么送别顾客时一定要预约下回？你有什么好的"种草"理由呢？

1. _____
2. _____
3. _____

为什么没有消费的顾客也要热情相送？怎样做可以让她有机会再次进店？

1. _____
2. _____
3. _____

情景77
这款口红我买了感觉不合适，可以换吗

常见应对

1. 您稍等，我向店长请示。
   （把球踢给店长，失去了主动处理的机会）
2. 对不起，产品已经拆开使用，不能换了。
   （冷淡、不客气地拒绝顾客，顾客面子受损）
3. 抱歉，这不是我卖的，谁卖的你找谁。
   （把顾客当球踢，顾客会"反弹"）

引导策略

女性对美的追求是超越理性的，面对美丽的诱惑，她们可以"剁手"式地买买买。女性的情绪也是多变的，会给门店售后带来一些意想不到的问题。昨天才兴冲冲把产品买回去，第二天却没有任何眷恋地回来调换。只要求调换还是这位顾客比较讲理，如果处理不当，不能给对方一个好台阶，她们会直接要求退货。

无论顾客因何原因换货，情绪处理永远优先。卖手应先安抚顾客情绪，再了解换货动机。如对方受人误导而提出换货要求，卖手应重新阐述产品价值，坚定顾客信心，耳根比较软的顾客会打消调换的念头。如果顾客调换意愿强烈，则予以同意，以专业适用为前提，为顾客做出合适调换，多退少补，良好的客情是在每次满意的售后服务中建立起来的。

话术范例

话术范例一

卖手:"亲,只要购买后不超过7天,产品未拆开使用,不影响二次销售,可以调换(先满足对方)。麻烦亲出示一下收银小票或付款记录,我检查一下商品……嗯,产品没问题。亲,正常来说,这款产品应该也是您精挑细选才确定购买的,是什么原因让您不爱了,想换呢?"(深入了解顾客调换的原因)

话术范例二

顾客:"我买回去后,几个姐妹都说这个颜色不适合我。"

卖手:"喔,我明白了。选口红第一感觉最重要,昨天您对这款口红一见钟情。从我的眼光判断,您选这个颜色没问题,适合您。亲,相信您自己的眼光。选口红这件事,只需要听两个人的意见就好。第一是您自己,您自己怎么喜欢怎么选。第二个是男朋友,'女为悦己者容'。口红颜色,您自己觉得好看,可以有,男朋友觉得好看,也可以有!其他人的意见,都是浮云。"

话术范例三

顾客:"男朋友说这款口红颜色不好看。"

卖手:"嗯,小姐姐,您一定没有听过两支口红的故事。"

顾客:"什么两支口红的故事,你说啥?"

卖手:"一位杰出的婚姻专家说,'恋爱的女生一定要有两支口红'。一支自己买,另一支男朋友买。自己喜欢的自己买,男朋友喜欢的男朋友买。昨天这支口红是买给自己的,自己喜欢就好,根本不需要换。男朋友的那支,您得让他选,而且讲重点,小姐姐,您要看着他选,看他选什么品牌、选什么价格、选什么颜色、选什么味道。因为这是爱情的品牌、爱情的价格、爱情的颜色、爱情的味道,小姐姐,您是不是现在就召唤一下男朋友，马上到，马上选？"

方法技巧

顾客要求换货的处理技巧：

1. 自己突然不喜欢："最美的爱情叫一见钟情，最美的化妆品叫非你莫属。"

2. 闺密觉得不好看："自己觉得好看，男朋友觉得好看，这就够啦。"

3. 男朋友觉得不好看："亲，您一定没有听过两支口红的故事。"

举一反三

顾客要求换货的原因通常有哪些？该怎么处理？

1. _____
2. _____
3. _____

顾客的换货要求超出了规定范围，你该如何处理？请用实例说明。

1. _____
2. _____
3. _____

情景78
顾客因为各种理由要求退货

常见应对

1. 对不起，我们有规定，不可以退货。
   （拿规定说事，无任何水准可言）
2. 这支洁面乳您已经拆开使用了，不能退了。
   （冷淡、不客气，顾客面子受损）
3. 抱歉，已经超过退换期限，不能退。
   （暗示顾客无理取闹，容易发生争吵）

引导策略

有买就有退，这是门店必然遇到的经营难题。好不容易把产品销售出去，还没有拿工资和提成，就要面对顾客的退货，无论对方退货的理由充分与否，都会让卖手很受伤。接受退货要求，损失业绩，竹篮打水一场空。强硬拒绝，可能会使纠纷升级，引起顾客投诉，照样得不偿失。

所谓伸手不打笑脸人，不论顾客退货的理由多么奇葩，卖手都要笑脸相迎，以"棉花糖"的态度，化解对方的情绪。不要用规定搪塞顾客，以免引起对方发飙。当顾客退货意志坚定，摆出一副"油盐不进"的态度时，卖手先接受退货要求，顾客的要求得到满足，对立情绪缓和后会回归理性，利用处理等待时间，卖手趁机提出折中方案，还有机会挽回损失，挽回人心。

话术范例

话术范例一

顾客："我觉得太贵了，帮我退了吧。"

卖手："姐，我明白了，我会帮您处理的（用积极的回应解除对抗）。咱们先不讨论贵不贵。这款套盒是您昨天精挑细选的，试用效果超赞，您决定购买的，肯定没买错。护肤品买的不是价格，是价值。××是国际品牌，凸显高端品位和气质，再贵都是用在自己脸上，不花冤枉钱。这款套盒10年全球热销，抗衰效果出众。选择它，这是您对颜值的尊贵投资，千万不要让自己的美丽死在别人的嘴里。您把产品用起来，会真正感受到什么是贵得有理由，什么是名媛气场，让别人羡慕妒忌。"

话术范例二

顾客："你自己看看，这套产品我昨天回家一打开，都变质了。"

卖手："哎呀，抱歉！抱歉！抱歉！我看一下，您放心，质量问题可退可换，我马上为您处理。"

顾客："尽快，我赶时间。"

卖手："姐，经过检查，这套产品出现问题是我们保管不当引起的，是我们的疏忽，对于您遇到的这种情况，我代表门店向您道歉！这种情况，可退可换，姐，如果您接受调换，我马上为您更换最新生产日期的产品。"

顾客："不用了，我要退货。"

卖手："好，马上为您办理退款手续，是我们工作疏忽给您带来了不便，再次表示歉意。您先坐，我为您倒杯水，程序上处理需要一点时间，请您稍等片刻。姐，其实产品是真的很不错的，昨天您也花了时间挑选，因为我们工作的失误，放弃这套原本可以带给您出色效果的好产品，实在可惜。作为弥补，如果您同意调换，我们额外送您一套美白清洁套装。我相信使用效果不会让您失望，我们之后的服务更不会让您失望，请

给我们一个改正的机会，给我们一个成长的机会，也给您自己一个美丽的机会，谢谢姐姐！"（提出弥补方案，争取减少损失）

方法技巧

顾客要求退货的处理技巧：

1. 缓和：先请顾客喝杯水，缓和情绪，消除对抗。
2. 转移：根据顾客反映的情况，另行安排时间、地点、人员专门处理。
3. 建议：根据顾客要求和门店规定，提出双方都能接受的处理方案。
4. 处理：按双方认同的方案尽快处理，并询问顾客对处理结果的满意程度。

举一反三

因质量问题引起的退货现象在门店发生过吗？你都是怎样处理的？

1. _____
2. _____
3. _____

你有处理顾客退货失败的案例吗？和小伙伴一起总结一下经验教训。

1. _____
2. _____
3. _____

情景79
说得那么好，用了这么久都没效果

常见应对

1. 才几天时间，哪有这么快，我们是护肤品，不是仙药！
   （推卸责任，顾客不吵闹才怪）
2. 喔，再用一阵子就有效果了。
   （稍微让顾客安心些）
3. 这已经是祛斑特效产品了，如果还没效的话，要找皮肤科医生了。
   （又一种推卸方式，可能会失去顾客永远的信任）

引导策略

我们都清楚，品质再好、功效再强的美容护肤品都需要足够的使用时间才能显现效果。护肤的效果也会因人而异、因时而异。因此，在产品售出后，难免会遇到顾客使用无效或者效果不佳的投诉，尤其是美白、祛斑、抗皱等功效类产品，更是投诉的"集中营"。

产品效果不佳的原因是多样的。卖手处理时无须慌乱与害怕，耐心倾听，待顾客把火气发泄完后，认真排查原因。如果是顾客使用不当造成的效果不佳，予以纠正。如果是产品推荐不当造成的效果不佳，也要正视此事，进一步提出解决方案。危机就是转机，处理得当，不仅能恢复顾客信任，还是一个追加销售的好机会。

话术范例

话术范例一

卖手："亲，您说眼膜效果不好，我可以具体了解一下使用情况吗？您说得越详细就越容易排查原因，妥善解决。"（寻找原因必须仔细）

顾客："我用了七八天，黑眼圈好了一点，眼袋和眼角皱纹没什么改善，淡斑效果也不明显。"

卖手："我明白了，您的意思是有效果，但没有预期的好。"

顾客："是啊，我买的时候你们说能快速去黑眼圈、收缩眼袋、消除皱纹。"

卖手："亲，按您说的，我要恭喜您了，黑眼圈改善就是产品有效的表现。'冰冻三尺非一日之寒'，眼袋和眼角皱纹的形成要几年甚至十几年，要消除当然没有那么快，您要有信心，继续使用一周，就能告别熊猫眼了。眼袋和眼角皱纹持续使用2~3个月会有明显改善，另外，注意休息，保证睡眠，少刷手机，会有事半功倍的效果！"

话术范例二

顾客："这个祛斑霜的效果一点都不好，我用了1个多月，根本就没有改善。"

卖手："亲，您是不是完全按照要求的方法正确使用呢？"

顾客："那当然了，完全按要求使用，你说不要晒太阳，这一个月我能不出门就不出门。"

卖手："那您使用了之后，脸上的斑有没有进一步增加或恶化呢？"

顾客："那倒没有，还是老样子。"

卖手："您的心情我完全理解。说实话，祛斑是美容产品最大的难题，就算美容手术也不一定百分之百祛除。除非添加重金属或有害化学成分，安全祛斑需要较长时间，它的祛斑效果分三步走：第一步阻斑，第二步淡斑,第三步祛斑,需要连续使用3个月,才会有明显效果。亲,您使用第一个月,处于阻斑阶段,'没效果'就是最好的效果,证明斑并没有扩大和恶化,请您多一点耐心,多一点信心,从下个阶段开始,淡斑效果会明显;如果您想祛斑效果更有保障,我建议亲再配一盒××美容胶囊,有效补充维生素,内养外敷,这样见效会更快。"(提升顾客信心,并进行追销)

方法技巧

化妆品使用效果不明显的原因:

1. 产品没选对。
2. 产品没用对。
3. 顾客心理预期太高。
4. 使用时长不够。
5. 生活无规律、熬夜、疾病、食品、药品冲突等原因。

举一反三

造成顾客使用效果不理想的原因通常有哪些?其中因顾客自身原因造成的有多少?

1. _____
2. _____
3. _____

门店中最容易引起效果投诉的产品有哪些?如何做能预防和减少投诉?

1. _____
2. _____
3. _____

情景80
你们卖的什么面膜，我用了一次就过敏了

常见应对

1. 对不起，对不起……
   （光说对不起，没有用）
2. 那我帮您退了吧。
   （退了之后，顾客还会进一步索赔）
3. 哦，这不是过敏，是使用后的正常现象。
   （牵强的解释，顾客不接受）

引导策略

这是严重的投诉！无论是卖手还是顾客，没有谁愿意遭遇产品使用后的过敏反应。问题是，过敏是化妆品使用中必然存在的现象。使用再小心，注意事项提醒再到位，也不能百分之百杜绝某些体质特殊的顾客对某些产品成分过敏。而且人心险恶，我们甚至不排除有些"恶劣"的顾客，借由过敏进行"碰瓷"和恶意索赔。

顾客进行过敏投诉时，火气往往较大，卖手在处理时要坦然面对，不躲不闪。否则，投诉就会演变为争吵，升级为索赔。对于正常使用而出现过敏反应的顾客，卖手要特别体谅其身体与心理的双重压力，让顾客能够完全释放怒火，用全力负责到底的表态安抚顾客情绪，尽快排查过敏原因，给顾客一个满意的解决方案。

话术范例

话术范例一

卖手："亲，您先不要着急，慢慢说，您的问题我会妥善处理的！我看一下您的脸，是略微有点发红，这款美白面膜是去角质性质的，前几次使用会有轻微蜕皮和发红现象，是使用后的正常反应，这种情况一周内会自行消失，产品安全性您不用担心。是我的疏忽，没有提前把反应情况向您解释清楚，给您造成麻烦，我向您道歉，请您多多包涵。产品效果您也不用担心，继续使用，肯定能达到理想的使用效果！"（正常不良反应的处理）

话术范例二

卖手："是的，确实有轻微反应。小姐姐，您先不用慌，这款面膜以补水为主，性质比较温和，极少有不良反应。您是油性皮肤，毛孔粗大，使用面膜前要彻底清洁和除垢。以我的经验，这种情况是部分油脂污垢和洗面奶残留在毛孔中，使用面膜导致毛孔闭塞引起的。这种情况不必太担心，停用3~5天，等皮肤恢复正常，配合强清洁力洗面奶和油性皮肤专用润肤水，对皮肤彻底清洁后再恢复使用，就不会有问题了。小姐姐，了解一下，您使用的洗面奶和润肤水是什么品牌，清洁力怎么样？"（创造关联销售的机会）

话术范例三

卖手："小姐姐，出现这个问题，不是您的错，也不是产品的错，只能说您和这款面膜的缘分不够。您可以退款，也可以更换其他温和型面膜产品，您觉得哪个方案更合适呢？"（先提出解决方案）

顾客："还是退了吧，你说，我这一脸的皮疹怎么办？"

卖手："姐，您放心，这些皮疹不是很严重，您停止使用产品后，一般几天后会自然消退，恢复期间不要用手挠，停用其他护肤品，也不要食用过油过辣的食物。我先给您办理退货手续，如果三五天后皮疹还没有

退,您再回来,我会进一步为您妥善处理,可以吗?"(严重过敏反应的处理)

方法技巧

解决顾客化妆品过敏投诉的技巧:

1. 正常的反应:坚定顾客信心,请顾客继续使用,说明书等书面资料是必备的工具。

2. 顾客使用不当:向顾客说明正确的使用方法,提出产品使用的修正方案。

3. 明显的过敏反应:不要多解释,强调缘分不够,先退货,后续跟进处理。

举一反三

出现过敏反应的顾客如果一进店就大吵大闹,你应该如何处理和应对?

1. _____
2. _____
3. _____

使用化妆品过敏的现象能百分之百杜绝吗?门店有什么措施可以降低顾客对过敏的投诉率?

1. _____
2. _____
3. _____